SAUVEURS D'HOMMES

sapeurs-pompiers de France

À Tita, ma mère, avec tout
mon amour, pour m'avoir encouragé
un jour à devenir pompier.

À « Papy Zim », qui doit être fier
de son petit-fils...

le bec en l'air
4, place des Ormeaux, 04100 Manosque • becair@club-internet.fr

Responsable d'édition : Fabienne Pavia
Conception et réalisation graphiques : Odile Delaporte
Correction : Myriam Blanc

ISBN : 2-9516595-0-4

SAUVEURS D'HOMMES
sapeurs-pompiers de France

Textes **Carlo Zaglia**
Photographies **Christophe Dubois**

Collection / Au cœur de l'action /
B. e. A.

Pari tenu

C'est toujours avec joie que j'accueille la naissance d'un nouvel ouvrage consacré aux sapeurs-pompiers de France. La déception est malheureusement souvent au rendez-vous, tant il est difficile de refléter fidèlement la complexité d'une activité qui, pour comporter une grande part de technicité, reste surtout, pour nous sapeurs-pompiers, une extraordinaire aventure humaine.

Tel n'est pas le cas ici. Pourtant, Christophe Dubois et Carlo Zaglia n'ont pas choisi le chemin le plus facile. Ils ont opté pour un regard délibérément tourné vers les hommes. C'est le plus exigeant, celui qui renvoie à soi-même, à sa propre aptitude à saisir l'essentiel, à parler « vrai » en regardant avec le cœur. Le pari était ambitieux. Mais les deux amis n'ont pas froid aux yeux... ni à la plume.

Qu'ils soient volontaires ou professionnels, tous les sapeurs-pompiers de France retrouveront dans ce livre une part d'eux-mêmes et un hommage à leur engagement quotidien. C'est grâce à l'engagement citoyen des sapeurs-pompiers volontaires, représentant 85 % des effectifs de sapeurs-pompiers, que notre pays peut s'enorgueillir d'une couverture des risques satisfaisante et d'une distribution efficace des secours en tout point du territoire. Cette complémentarité entre les sapeurs-pompiers volontaires et les professionnels apparaît au fil des pages à travers l'éventail des missions dont l'étendue évolue en même temps que notre société et les attentes de nos concitoyens.

Les auteurs ne manquent pas de mentionner les cas particuliers de la brigade de sapeurs-pompiers de Paris et du bataillon de marins-pompiers de Marseille, dont les personnels, évoluant sous statut militaire, sont considérés avant tout comme des pompiers à part entière et des « frères d'armes » par leurs collègues civils.

Ils démontrent ainsi que, par-delà les statuts et les appartenances, c'est un même idéal qui anime tous ces « sauveurs d'hommes », comme il fait déjà vibrer les 20 000 jeunes sapeurs-pompiers qui viennent comme entrouvrir une porte sur l'avenir à la fin de cet ouvrage, qui en appellera d'autres, inévitablement.

D'ores et déjà, cette photographie des sapeurs-pompiers à l'aube du nouveau siècle, exceptionnelle de vérité et d'authenticité, est un vivant hommage à tous ces hommes et ces femmes qui conjuguent courage et dévouement au quotidien.

Daniel Ory
Président de la Fédération nationale
des sapeurs-pompiers de France

SOMMAIRE

chapitre 1 • POSTIER LE JOUR, POMPIER LA NUIT
Les sapeurs-pompiers volontaires

8

chapitre 2 • UN MÉTIER POUR LA VIE
Les sapeurs-pompiers professionnels

22

chapitre 3 • LES SOLDATS DU FEU
Les sapeurs-pompiers militaires

36

chapitre 4 • PORTRAITS ET ATTITUDES
Des sauveurs au cœur de l'action

46

chapitre 5 • UN COMBAT POUR LA NATURE
Les spécialistes du feu de forêt

56

chapitre 6 • LES NOUVEAUX CHEVALIERS DU CIEL
Les pilotes de bombardier d'eau

84

chapitre 7 • NOYADE INTERDITE
Les sauveteurs nautiques

96

chapitre 8 • DEMAIN, JE SERAI POMPIER
Les jeunes sapeurs-pompiers

112

122 Glossaire

127 Remerciements

POSTIER LE JOUR, POMPIER LA NUIT

Les sapeurs-pompiers volontaires

Les sapeurs-pompiers volontaires sont aujourd'hui les premiers acteurs d'une chaîne opérationnelle du service public qui, outre le fait d'assurer les secours, tisse les liens sociaux indispensables à la vie des communes. Les quelque 200 000 volontaires français – auxquels il faut bien sûr ajouter les 30 000 pompiers professionnels et militaires – couvrent un territoire peuplé de 60 millions d'habitants. D'après les statistiques officielles, il faudrait néanmoins deux fois plus de pompiers pour garantir une sécurité optimale. Loin de l'image débonnaire du « gars à tout faire », le sapeur-pompier est un technicien de l'urgence. Chacun se souvient d'un bal du 14 Juillet organisé par les pompiers, mais chacun garde aussi en mémoire l'image du véhicule rouge de sapeurs-pompiers où l'homme en uniforme qui s'affairait pour sauver une vie n'était autre qu'un voisin, un employé de mairie ou un postier. Ce sont ces gens-là qui, en plus de leur métier et au risque de négliger leurs obligations familiales, répondent en pleine nuit à l'appel de la sirène. Dans ces petites casernes, on recense, au niveau national, en moyenne six interventions par mois. Ce petit nombre ne doit pas masquer la réalité : c'est grâce au maintien de ces centres de secours de première intervention que l'on garantit en France un service de proximité efficace. Enfin, cette fabuleuse réserve d'énergie humaine permet de faire face aux sinistres de grande ampleur. Les victimes de la tempête de l'hiver 1999 le savent mieux que personne... La ville d'Erquy, dans les Côtes-d'Armor, dont il sera question dans les pages qui suivent, ressemble à bon nombre de communes de l'Hexagone, avec son centre de secours composé exclusivement de volontaires. Ses pompiers sont un exemple d'altruisme et d'efficacité.

> > > 200 000 sapeurs-pompiers volontaires en France

Guénaëlle, infirmière ; David, marin pêcheur...

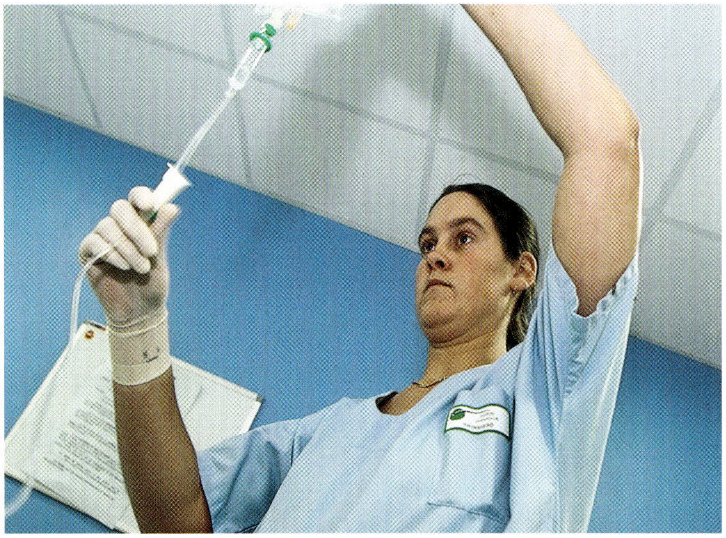

... tous deux pompiers volontaires à Erquy

Alain Refloch : « Un jour je suis devenu pompier... »

À quarante-trois ans, Alain Refloch conjugue avec passion son travail de receveur à la Poste, son rôle d'époux et de père de famille, et son engagement de sapeur-pompier volontaire. Ce natif du Finistère vit depuis une vingtaine d'années à Erquy. Sa rencontre avec le monde des sapeurs-pompiers s'est faite dans une ambulance. « C'était en 1987, les pompiers me transportaient à l'hôpital à la suite d'une double fracture du poignet. Je souffrais le martyre, et ils avaient été d'une gentillesse incroyable », se souvient-il. Désireux de leur témoigner sa gratitude, Alain retourne au centre de secours pour remercier « ses sauveurs ». Cette simple visite de courtoisie se transforme bientôt en rituel et, dès qu'il le peut, notre postier se rend à la caserne. Moins d'un an après, s'opère en lui une véritable prise de conscience : « Au-delà du discours classique sur l'altruisme, qui est essentiel, l'évidence d'un secours de proximité m'est apparue comme une obligation. Si nous n'intervenons pas, les secours viennent des communes voisines, mais... en trente minutes, et cela dans le meilleur des cas. » Alain Refloch s'engage alors – et ce n'est pas un vain mot – dans le corps de sapeurs-pompiers d'Erquy. Avec son emploi à la Poste, la notion de service public était déjà acquise. Restait à apprendre les mille facettes d'un autre métier, ce qu'il a fait avec rigueur. C'est désormais au tour de David, son fils, d'être atteint par le virus du camion rouge : il se prépare à s'engager dans les marins-pompiers.

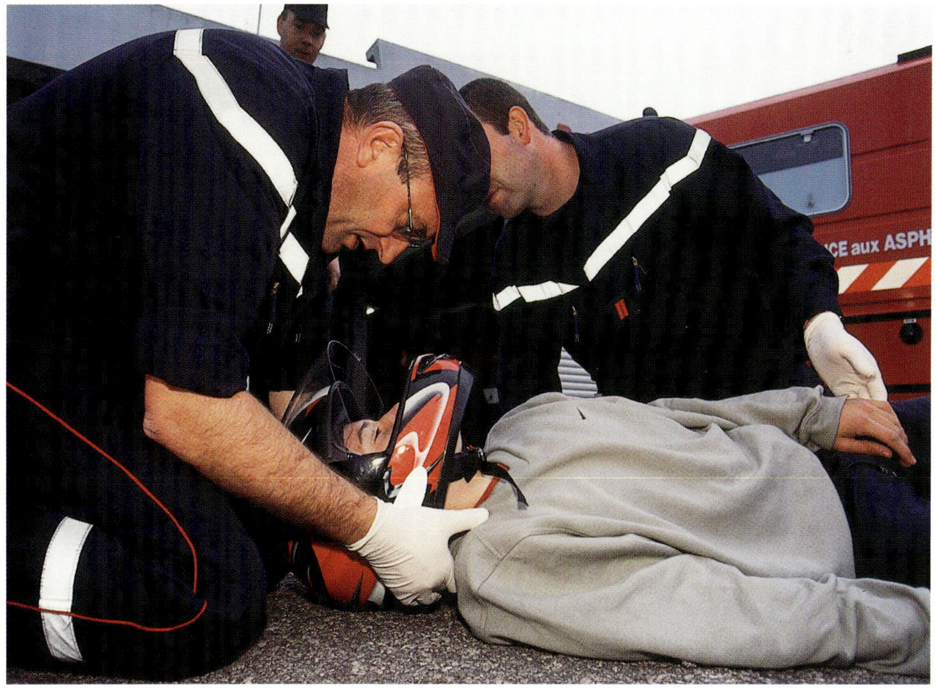

Alain Refloch, sapeur-pompier volontaire à Erquy, et receveur à la Poste.

Ce qui prime à Erquy – et le lieutenant Christian Frémont, chef de centre, y met un point d'honneur –, c'est l'entente parfaite qui règne au sein de la caserne. Ici, tous se connaissent. L'esprit de corps et l'émulation qui en découle créent une amitié qui dépasse les murs d'enceinte. Tout le monde se croise au moins une fois par jour dans ce village qui possède à l'évidence quelques points communs avec celui d'Astérix… À l'instar du célèbre Gaulois, tous ceux qui revêtent la tenue bleue au liseré rouge résistent à l'individualisme. Les irréductibles pompiers bretons se délectent des moments passés au bar de la caserne, où les plus jeunes, admiratifs, écoutent le discours des anciens. Bien plus qu'une affaire de concitoyens, il s'agit ici d'une affaire de famille.

Et il n'est pas rare d'entendre le lieutenant tenir de tels propos : « Tu diras à ton oncle de m'appeler… » La vie du corps et celle de la ville sont d'ailleurs intimement liées. Le maire d'Erquy, Bernard Nonnet, considère que c'est une aubaine d'avoir comme chef des pompiers un employé communal. « Rien n'est jamais remis au lendemain, explique-t-il. Je reçois Christian dès qu'il en exprime le désir et si parfois nos discussions tournent à la houle bretonne, rien n'entrave la bonne marche du service d'incendie : jamais un budget n'a été refusé. ». Le maire met un point d'honneur à garder cette relation privilégiée avec « ses » pompiers, conscient que ce lien contribue tout autant à l'efficacité du centre de secours qu'à la fierté des habitants d'Erquy.

À Erquy – fait très rare dans une commune française –, c'est encore la sirène qui alerte les sapeurs-pompiers lorsque leur présence est requise pour un secours. L'équipe de permanence hebdomadaire répond à l'appel, mais, de manière générale, tous ceux qui sont disponibles se rendent immédiatement à la caserne, et cela moins de deux minutes après avoir entendu le premier écho des trompes. Loin d'exercer une activité lucrative, le volontaire est indemnisé uniquement lorsqu'il effectue une intervention. Ces vacations horaires, dont le taux est fonction du grade et de l'activité, représentent une somme très faible. Cumulable avec tout autre revenu ou prestation sociale, elle n'est toutefois soumise à aucun impôt.

Pierrick Lemaître et Guénaëlle Gorin arpentent la jetée du port et ne résistent pas au plaisir de parler « pompier ». À Erquy comme ailleurs en France, le volontariat se fait rare. Seuls le sens des responsabilités de chacun et l'intérêt porté à son prochain pourront inverser la tendance.

Sapeur-pompier volontaire, l'engagement citoyen

Les centres de première intervention sont le seul recours offert aux habitants en milieu rural. Ils sont toujours composés de volontaires. De nombreux villages, mais aussi des villes de petite ou moyenne importance leur font confiance. Les sapeurs-pompiers volontaires et leurs homologues professionnels sont complémentaires, et leur force conjuguée permet une couverture opérationnelle du territoire. Cet engagement constitue dans notre pays l'un des derniers bastions où les valeurs de citoyenneté et de dévouement font encore office de devoir. Le respect de l'autre – pour rien, sans attendre autre chose qu'un merci –, l'abnégation, le sacrifice de son temps, de son énergie, tel est le credo de ces 200 000 hommes et femmes qui forment près de 80 % des effectifs des sapeurs-pompiers français. Leur recrutement est assuré par les services départementaux d'incendie et de secours. Ouvert aux hommes comme aux femmes, l'état de sapeur-pompier volontaire est soumis à certaines exigences : être âgé de dix-huit ans au moins et de quarante-cinq ans au plus ; s'engager à exercer son activité avec obéissance, discrétion et responsabilité ; répondre aux conditions physiques et médicales demandées ; jouir de ses droits civiques.

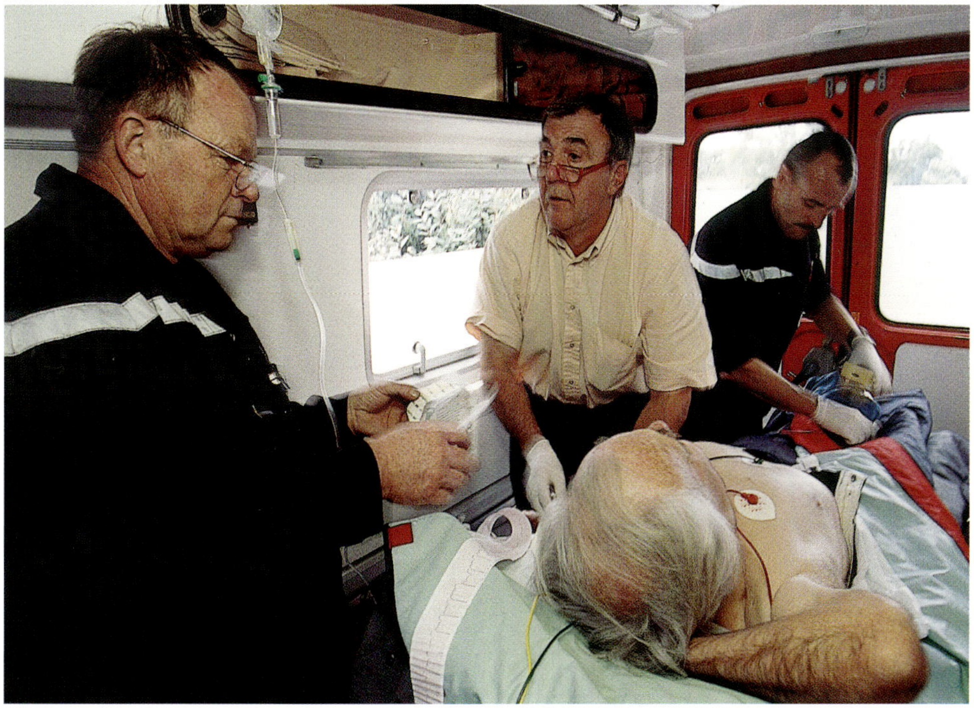

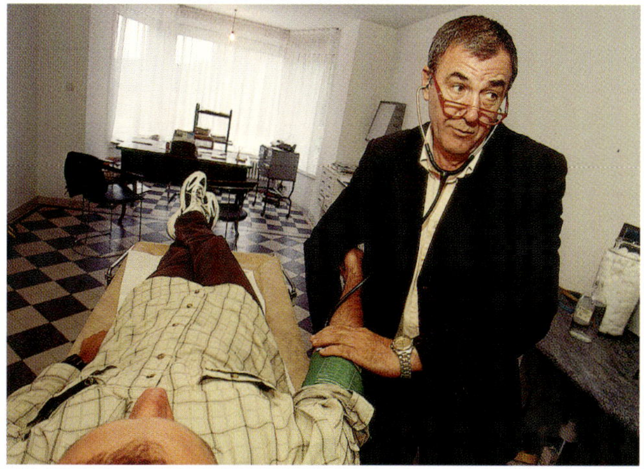

Pierre-Yves Dayot est, avec Éric Bouvet, l'un des deux médecins du corps de sapeurs-pompiers d'Erquy. Ce docteur tout-terrain a de qui tenir : son grand-père n'est autre que le créateur de cette auguste institution, en 1904. Le poste de médecin volontaire a ensuite été repris par son père, mais c'est son frère aîné qui l'a officialisé, avant que Pierre-Yves ne prenne brillamment la relève. En plus de son travail de médecin généraliste, Pierre-Yves Dayot intervient à la demande des sapeurs-pompiers sur tous les secours à caractère médical. Mais il arrive aussi que les Réginéens appellent directement leur médecin et que ce soit lui qui décide de déclencher la sirène.

10 H 15 : RECHERCHE POUR PERSONNE DISPARUE AU CAP D'ERQUY

La sirène vient de retentir. Pierrick, David, Christophe et Yves se rendent à la caserne en à peine une minute, rejoignant le lieutenant Frémont, déjà sur place. C'est une réquisition de moyens humains et matériels émanant de la Gendarmerie nationale. Il s'agit d'effectuer des recherches côtières sur le cap d'Erquy pour retrouver une personne disparue la veille. Trois des hommes revêtent une tenue Néoprène. Le Zodiac est armé, et le véhicule tout-terrain qui tracte l'embarcation démarre en trombe, précédé par la voiture de liaison de l'officier. En un tour de main, le bateau rouge est débarqué pendant que le lieutenant Frémont recueille des informations auprès des gendarmes sur la plage. Un homme d'une trentaine d'années aurait été vu la veille près de l'îlot Saint-Michel, alors accessible à pied sec. Ce matin, la marée a balayé toutes traces et, surtout, interdit toute retraite vers la terre ferme. Le Zodiac fouille chaque recoin de cette côte bien connue des pompiers, qui sont aussi des gens de mer. Après deux heures trente de vaines recherches, les secours regagnent leur base pour étayer le dispositif. Entre-temps, un accident de la circulation fait partir le Véhicule de Secours aux Asphyxiés et aux Blessés (VSAB). C'est Yves Gorin qui s'en charge, appuyé par Jacky Derrien et Guénaëlle, l'infirmière. Ils soignent une motocycliste renversée et la conduisent aux urgences de l'hôpital de Saint-Brieuc. À leur retour, le dispositif de recherche a été levé : l'homme a été retrouvé à une quarantaine de kilomètres, de l'autre côté du cap Fréhel, en parfaite santé physique.

Aux abords du cap d'Erquy, les recherches ont été vaines

Avec vingt-six années de « bottes » à son actif, Pierrick Lemaître relativise toujours son métier de pompier. Son passé professionnel, mais surtout sa grande humilité et son savoir-faire en font un exemple auprès des volontaires d'Erquy, les plus jeunes comme les anciens.

Pierrick Lemaître, pompier de père en fils

Pour Pierrick Lemaître, rien n'est dû au hasard, surtout pas son rang de sergent-chef volontaire et d'adjoint au chef de centre d'Erquy. Son père, Pierre, fut le premier pompier « permanent » du village. Volontaire dès l'âge de seize ans, Pierrick part à sa majorité vers la capitale faire ses preuves dans la grande école des pompiers de Paris. Cinq années vont s'écouler pendant lesquelles, malgré la rudesse du service et les œillères de certains sous-officiers de l'époque, la 23e compagnie va faire de lui un vrai sapeur-pompier. Mais les trajets incessants entre Paris et la Bretagne, et son attachement à sa terre natale le ramènent au bercail. Il obtient un poste de conducteur de poids lourds à la mairie et réintègre ses fonctions de pompier volontaire. « La différence fondamentale entre un volontaire et un professionnel, c'est une interrogation permanente sur le geste "pompier". Quand j'étais professionnel à Paris, on était conditionnés, prêts à répondre vingt-quatre heures sur vingt-quatre. Le volontariat engendre un état d'esprit différent. Je suis sur mon chantier lorsque la sirène remet tout en question. On part où ? Pourquoi ? Je monte dans le camion, je jette un coup d'œil sur l'équipe et je jauge les possibilités humaines dont je dispose. Ensuite, si l'intervention se poursuit dans le temps, on oublie le chantier, les gosses à aller chercher, voire l'anniversaire de sa femme. Le problème lorsque tu tombes dans le chaudron, c'est que tu ne sais pas, hélas, que tu ne pourras plus jamais te passer de la potion... »

Yves, employé communal ; René, jardinier…

… depuis toujours au service du public

Après chaque intervention, le lieutenant Frémont envoie un rapport détaillé à l'état-major.

Erquy a une population de 3 600 âmes, qui atteint durant l'été le chiffre impressionnant de 35 000 personnes.
La célèbre côte de Penthièvre, connue pour ses plages et ses coquilles Saint-Jacques, se transforme alors en une station balnéaire très courue.
La fréquence des interventions des sapeurs-pompiers n'est évidemment plus la même.
Le lieutenant Christian Frémont, chef du centre de secours, règne ici en véritable patron, veillant sur ses vingt-trois volontaires comme sur ses propres enfants. Intransigeant sur les horaires, il rappelle à l'ordre les retardataires lors de la manœuvre mensuelle du dimanche matin. Christian est entré chez les pompiers en 1967 et a suivi depuis l'évolution du corps.
« Nos effectifs vieillissent, et vingt-trois personnes, c'est un peu maigre, regrette-t-il. »
Certains volontaires ont un métier qui ne leur permet pas une disponibilité totale.
En pleine journée, seules une dizaine de personnes sont mobilisables en cas de grosse urgence. « Même si nous bénéficions des secours des communes limitrophes, il est important de pouvoir recruter nos propres volontaires. Pour cela, il faut que l'engagement soit le moins contraignant possible, surtout pour un jeune qui se met en ménage.
La responsabilité, la crédibilité et la formation des volontaires peuvent constituer aujourd'hui des arguments convaincants. »
Espérons que l'homme sera entendu, mais pour l'heure, les habitants d'Erquy peuvent dormir en paix : les volontaires veillent au grain.

3642 RV 22

UN MÉTIER POUR LA VIE

Les sapeurs-pompiers professionnels

En France, 27 000 sapeurs-pompiers possèdent le statut de professionnels. Ils exercent dans les villes de moyenne et de grande importance. À Strasbourg, dans le Bas-Rhin, plus de 350 « pros », auxquels il convient d'ajouter quelque 500 volontaires, défendent la capitale européenne et les vingt-six communes avoisinantes. Des hommes et des femmes qui ont dédié leur vie à l'urgence. À la clé, un salaire, un profil de carrière évolutif, parfois une reconnaissance, mais surtout une obligation de résultat. Mais ne devient pas professionnel qui veut, et le parcours est long pour accéder au sommet de l'échelle. Les cursus de formation des sapeurs, mais aussi ceux des cadres, sont régis par des lois. L'avancement et les nombreuses qualifications sont également dirigés par un schéma précis, avec de contraignantes périodes de recyclage, ponctuées d'examens médicaux. Le sapeur-pompier, qui plus est professionnel, se doit d'être irréprochable, au mieux de ses capacités intellectuelles et physiques. Car, même s'il en accepte les conditions, ce technicien du risque embrasse une carrière astreignante pendant laquelle il devra à tout moment répondre à l'appel. À l'heure où les corps communaux et les communautés urbaines prennent laborieusement le chemin de la départementalisation (voir l'explication de ce terme page 123), le baromètre « pompier » affiche en France une tendance optimiste. Les horaires de travail sont revus à la baisse, à l'inverse de l'embauche, qui semble quant à elle en hausse. S'il en est qui se demandent encore si le métier de pompier comporte réellement des risques, si d'aucuns doutent de la difficulté d'une profession où l'on ne peut ni manger ni dormir lorsqu'on le souhaite, qu'ils consultent ces pages...

> > > Caserne de Finkwiller, au cœur de Strasbourg

Un entraînement quotidien, sur tous les terrains

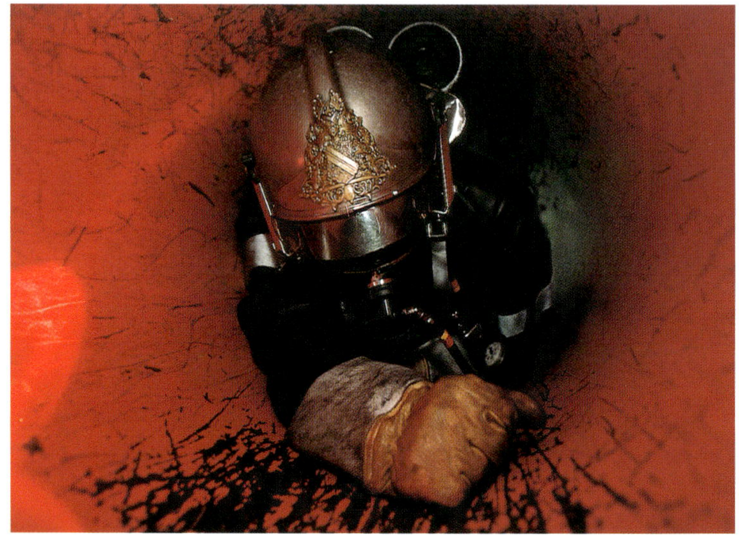

... et pour tous les types de missions

Comme dans toutes les casernes où exercent des professionnels, quelques heures sont réservées chaque jour à la formation. La gestion de ces entraînements est difficile, compte tenu de la fréquence des interventions, mais tous les pompiers parviennent cependant à en bénéficier. Le geste technique, en effet, doit devenir un automatisme, voire un réflexe. Ainsi le pompier agira sans stress lors de l'intervention et pourra concentrer sa réflexion sur son action, et non sur le maniement de sa lance, par exemple. L'habitude de travailler avec des personnes que l'on connaît bien est également importante. Car si l'automatisme a du bon, il peut aboutir à une conduite débarrassée de toute appréhension. Or, la peur reste un très bon indicateur qui évite aux hommes d'avoir des comportements dangereux. La pédagogie et la répétition des exercices représentent une grande partie du quotidien des casernes. Le but est d'atteindre une efficacité absolue dans le travail. Le confort d'un matériel adapté, la confiance envers ses pairs, la cohésion d'une équipe et le respect des consignes sont autant de facteurs qui y contribuent. L'évolution de la profession dépend aussi de la prise en compte de l'expérience des aînés dans ce métier qui « ne s'écrit pas ». Il faut donc veiller à intégrer au cursus de formation la transmission orale du savoir afin que les plus jeunes puissent appréhender la réalité de la profession et ses dangers.

/// Strasbourg, intervention en centre-ville

Les lourds engins d'incendie font vibrer les rues du vieux Strasbourg de leurs sirènes tonitruantes **(ci-contre)**. Les quatre centres de secours font partie du groupement centre du Bas-Rhin et participent en moyenne à plus de 20 000 interventions par an. Ces activités représentatives de la profession en cachent d'autres qui, si elles sont moins connues du public, n'en sont pas moins indispensables au bon fonctionnement d'un département. Les services de prévention et de prévision, par exemple, constituent désormais une part importante de l'activité d'un SDIS. Ils traitent les dossiers d'habilitation en termes de sécurité incendie, que ce soit pour des logements, des usines, des magasins ou des établissements recevant du public.

Les statistiques élaborées chaque année ont permis d'adapter la formation à l'évolution des opérations. L'incendie demeure le thème principal, même si les chiffres éloquents des secours à victimes justifient un effort important dans la pratique du secourisme. De même, les interventions particulières (GRIMP, interventions subaquatiques, chimiques…) sont en évolution. L'accent est donc mis sur une formation quotidienne qui permet à chacun de remettre en question ses connaissances et de les parfaire. Tout le monde s'accorde à dire que la profession évolue : le fond reste le même – il s'agit toujours de sauver des personnes et des biens –, mais la forme s'adapte. Le secourisme est désormais l'une des raisons d'être du métier. Sous cette activité, qui est une discipline à part entière à laquelle les sapeurs-pompiers sont formés, apparaît aujourd'hui une dimension supplémentaire : la fonction sociale. Ce ne sont plus seulement les premiers secours ni les cas d'urgence extrême qui composent le quotidien, mais bel et bien la misère humaine et les terribles conséquences qui en découlent. Pour y faire face, sens pratique et humanisme à toute épreuve sont de rigueur. Mais ces qualités suffisent-elles à protéger les sauveteurs de la détresse des autres ?

En bas : La vie en communauté impose des règles. Dans le centre de secours de Finkwiller, les pompiers deviennent cuisiniers à tour de rôle, le temps d'un repas. À l'heure de la soupe, chacun se sert, un peu comme à la maison.

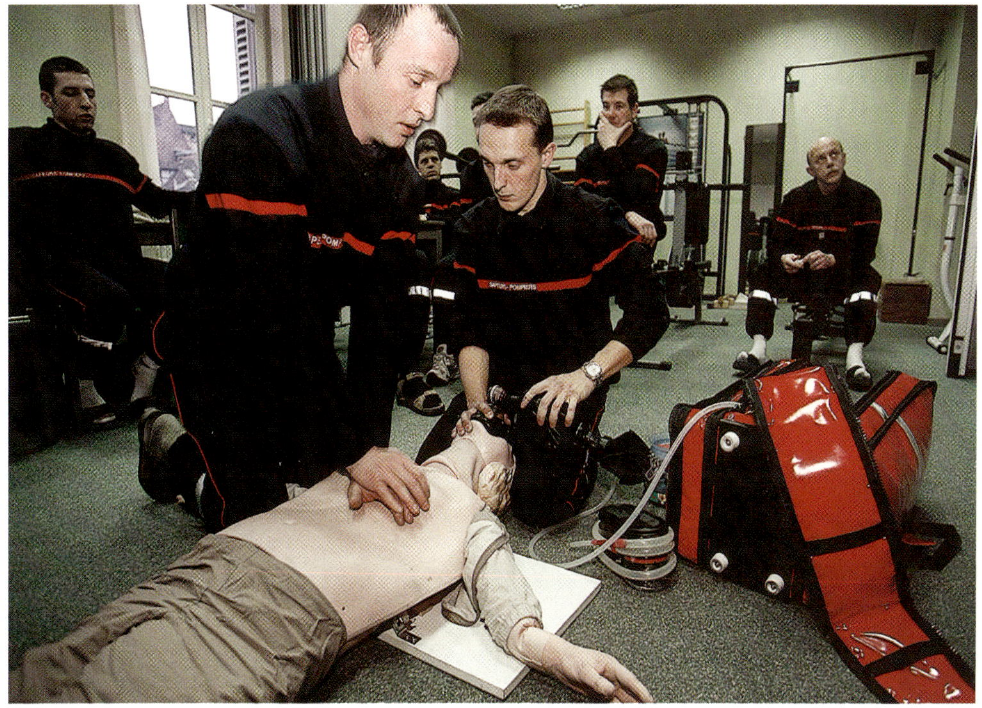

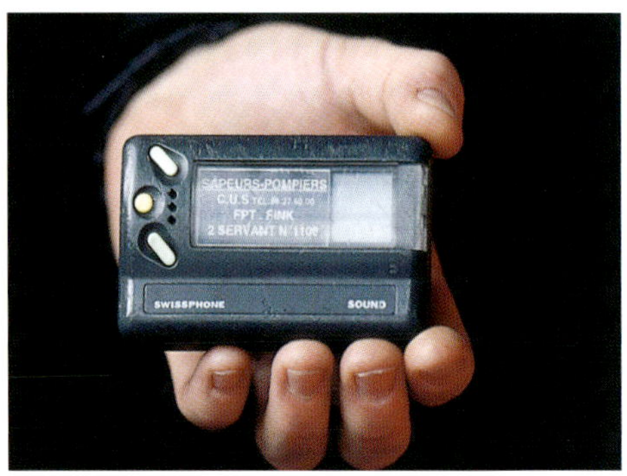

Dans les casernes professionnelles, les sirènes ne retentissent plus pour donner l'alerte. À l'heure du tout informatique, des récepteurs alphanumériques transmettent de façon sélective l'alerte et son motif.

Le centre de traitement de l'alerte

Quelques maillons complexes et efficaces précèdent dans la chaîne des secours l'intervention proprement dite des sapeurs-pompiers. Tout un chacun peut composer le numéro qui sauve sur son téléphone : le 18 ou le 112. Chaque département possède un centre de traitement de l'alerte (CTA) qui est le véritable point névralgique du dispositif des sapeurs-pompiers. Cette plateforme centralise les demandes de secours et gère l'envoi des engins selon la provenance et la nature de l'appel. Adresse, caserne et engins nécessaires, coordonnées cartographiques, consignes particulières d'incendie... : telles sont les données qu'un incroyable logiciel informatique répondant au nom d'Artémis prend en compte. Cet outil d'aide à la décision propose, pour chaque sinistre, un volume d'engins prédéfini. Il incombe alors à l'opérateur de valider ce choix ou bien de sélectionner d'autres moyens, s'il le juge nécessaire. Ce système permet un gain de temps précieux. Sélectionnés pour leur connaissance du métier et pour leur sang-froid, les opérateurs du centre de traitement de l'alerte sont le premier contact avec les sapeurs-pompiers lorsque l'on appelle le 18. Une loi punit désormais les fausses alertes. Elle prévoit une amende qui peut atteindre 500 000 F et une peine d'emprisonnement allant jusqu'à six mois. Hélas, cela ne semble pas dissuader tout le monde. Heureusement, grâce à leur grande expérience, les opérateurs parviennent souvent, après quelques questions subtiles, à évaluer l'authenticité de la demande.

La perche de feu, ou mât de descente, indispensable pour partir rapidement en intervention, est toujours en service dans les centres de secours **(à droite).** La technique de descente, très efficace, fait gagner de précieuses secondes. En dehors des interventions, la vie quotidienne d'un centre de secours est rythmée par un programme précis : séances d'instruction, travaux dans les services internes (prévention, prévision, services techniques…), manœuvres, entraînement physique… La vie des pompiers se cale aussi sur les gardes, qui s'effectuent par roulement et durent vingt-quatre heures, de 8 heures à 8 heures. Les jours se suivent, adoptent la même cadence, mais sont loin de se ressembler…

Vincent Heiligenstein, responsable de l'instruction générale de base : « J'espère rester toujours dans le domaine opérationnel de la profession. »

Vincent Heiligenstein, un sous-officier très « pro »

Ce sous-officier professionnel est l'un des responsables participant à l'instruction générale de base. Les manœuvres incendie n'ont pas de secret pour lui, qui utilise la maison à feu pour habituer les équipes aux conditions réelles de travail. C'est ainsi qu'encadrés par Vincent, professionnels et volontaires se retrouvent au milieu de palettes enflammées et doivent cheminer dans une cage d'escalier embrasée pour saisir les automatismes du métier. L'homme ne manque pas de persuasion : cinq années passées à la brigade de sapeurs-pompiers de Paris lui ont appris nombre de choses qu'il peut aujourd'hui transmettre. « On pourrait parler de la brigade en beaucoup de termes, mais je ne retiendrai aujourd'hui que l'esprit qu'elle a su nous insuffler », indique Vincent. Parallèlement à son expérience parisienne, il tente et réussit le concours de sapeur-pompier professionnel pour rejoindre sa ville natale, Strasbourg. En 1990, il intègre le centre de secours ouest, implanté à Cronenbourg. Commence alors une période de travail acharné pour se préparer aux examens de sous-officier, auxquels il ne peut se présenter avant d'avoir totalisé sept années d'expérience. « Nous devons tous nous spécialiser, que ce soit dans la prévention, la radiologie ou la plongée... Moi, j'ai choisi l'instruction. » Devenu sous-officier, il n'envisage plus la vie autrement que dans un camion rouge et n'a qu'une passion : sauver son prochain et enseigner aux autres à faire de même.

20 000 sapeurs-pompiers professionnels :

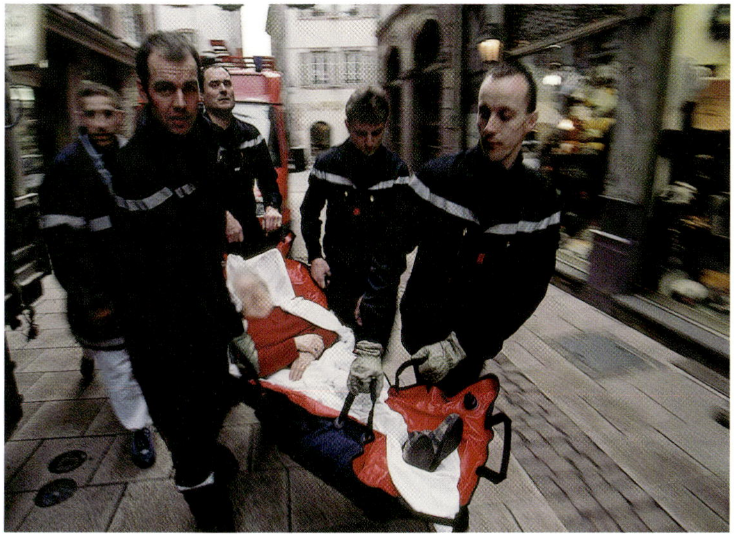

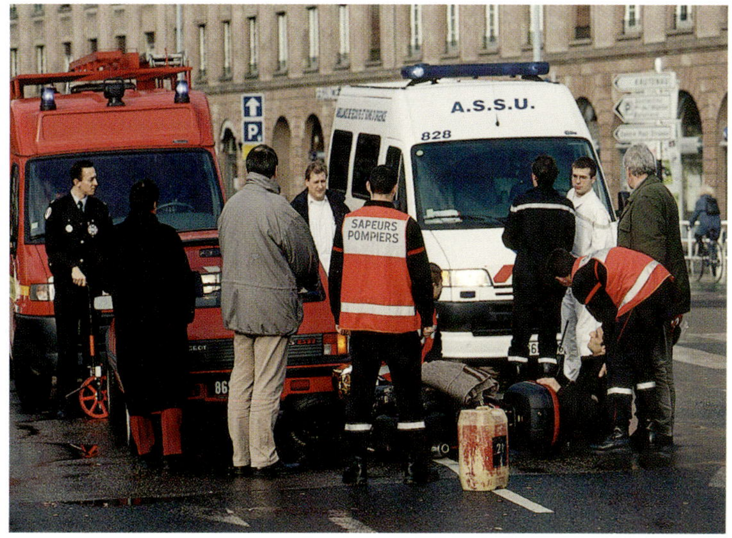

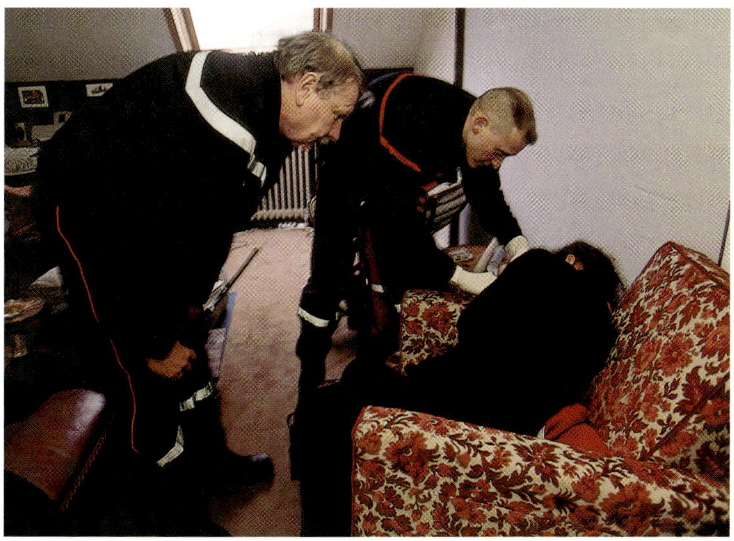

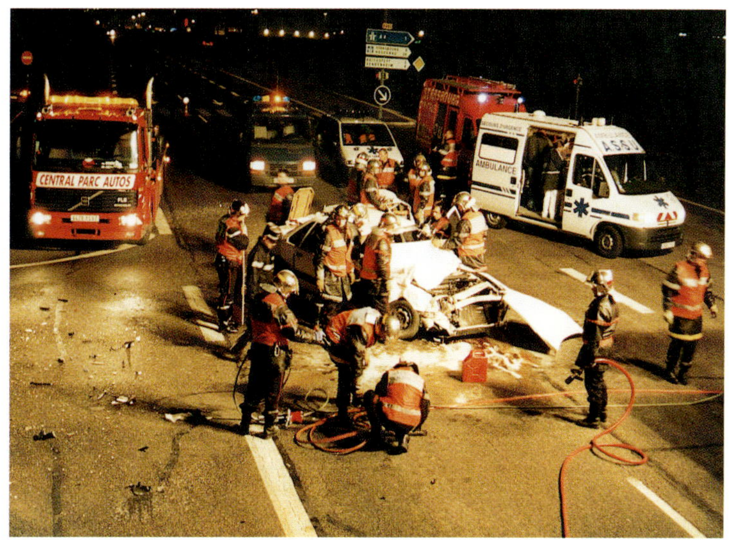

une réponse à l'urgence 24 heures sur 24

Les sapeurs-pompiers sont capables d'assurer toutes les facettes des secours à victimes et de la gestion des incendies. Mais d'autres demandes échappent aux moyens classiques. Le réseau hydrographique de Strasbourg entraîne par exemple des interventions subaquatiques **(ci-dessus)** pour sauver un noyé ou aider un bateau en péril. De même, le travail sur les édifices de grande hauteur et dans les excavations naturelles ou artificielles requiert un matériel et des gestes techniques particuliers **(à droite, en haut)**. Le nucléaire et la chimie industrielle font aussi appel à des moyens de protection spécifiques **(à droite, en bas)**. Au fil du temps, les pompiers ont su se remettre en question pour faire face à ces demandes. Guidés par un seul credo, « toujours mieux faire », ils n'ont de cesse que, tout en exerçant leur activité, d'améliorer leur technique et leur matériel. C'est dans cet esprit que des unités spécialisées ont vu le jour.

La violence urbaine contre les sapeurs-pompiers

Feu, destruction, haine... La trilogie moderne des phénomènes de violence urbaine touche aussi les corps de sapeurs-pompiers des grandes villes. Les banlieues dites « chaudes » de la région parisienne ne sont plus les seules en cause. Strasbourg comme Lyon et Marseille font malheureusement partie des agglomérations où mettre le feu aux voitures (**à droite, en haut**), aux poubelles (**à droite, en bas**) et au mobilier urbain est devenu une activité récréative. Ce nouveau « moyen d'expression » pour signifier un mal-être s'est considérablement développé. Les CRS et les policiers ne sont plus les seuls à subir des jets de pierres ou de bouteilles. Dans certains quartiers, de véritables guets-apens sont tendus aux véhicules de secours : sapeurs-pompiers blessés ou agressés, matériel détérioré ou volé, pare-brise pulvérisés à grands coups de pavés... L'uniforme au liseré rouge ne fait plus recette, et le casque d'argent n'inspire plus ni respect ni reconnaissance. Les agressions se multiplient, à tel point que pompiers et forces de l'ordre se fixent des rendez-vous pour pénétrer ensemble dans les cités classées « à risques ». D'aucuns peuvent être choqués lorsque les sapeurs-pompiers manifestent dans la rue. Il faut pourtant savoir que leurs revendications ne portent pas seulement sur l'obtention de la retraite à cinquante ans. Les soldats du feu se plaignent de courir des dangers qui ne sont pas les leurs et de ne pouvoir se soustraire à un combat qui n'est pas celui des flammes.

Gilles Brutillot est le chef du centre de secours principal de Sélestat, dans le Bas-Rhin. Son équipe est composée de cinq sapeurs-pompiers professionnels et de quelque soixante volontaires.

Le célèbre casque F1, véritable révolution en matière de protection, a été réalisé par les pompiers de Paris et la direction des recherches et des études techniques (DRET). Aujourd'hui, outre la France, de nombreux pays ont adopté ce modèle.

Gilles Brutillot, un « vieux lieutenant »

À trente ans, Gilles Brutillot est déjà ce que l'on appelle un « vieux lieutenant ». Son parcours est exemplaire : après six ans d'engagement comme pompier volontaire, « spécialiste scaphandrier léger », il passe avec succès le concours de lieutenant. Il doit alors s'acquitter du service militaire et opte pour le génie, avec l'espoir d'intégrer la brigade de sapeurs-pompiers de Paris. Quatre mois à l'école d'application du génie à Angers le voient ressortir aspirant. Suit l'arrivée à Paris : « J'ai eu la chance, se souvient-il, d'être encadré par deux sous-officiers exceptionnels qui m'ont enseigné l'art et la manière d'interpréter un feu, mais aussi celle de gérer des hommes en situation de crise. Ensuite, j'ai occupé la fonction de chef de garde en doublure. Mes dix mois de service militaire prenaient fin. Mais j'avais encore tant à apprendre que j'ai rempilé pour une année en signant un contrat de volontariat service long. » À la fin de cette période, deux choix s'offrent à lui : continuer une carrière d'officier militaire ou devenir pompier professionnel. Il opte pour le civil. Son grade le conduit à Strasbourg, l'une des rares villes où les lieutenants font office de chefs de garde d'incendie. Il est affecté au centre de secours de Finkwiller, spécialisé dans les interventions subaquatiques. Six ans plus tard, il est chef de centre à Sélestat, et ses fonctions ont changé. « La profession nous oblige à évoluer constamment. Je m'apprête à tenter le concours de capitaine, mais en gardant toujours l'esprit de feu... »

> > > Jour et nuit sur la brèche, sans relâche...

LES SOLDATS DU FEU

Les pompiers militaires

Parmi les différents statuts du sapeur-pompier en France, il en est un qui, s'il en a l'apparence, n'appartient cependant pas au registre classique déjà évoqué dans cet ouvrage. Il s'agit de celui des pompiers militaires, qui méritent à double titre l'appellation consacrée de « soldats du feu ». Deux grandes unités militaires sont vouées à la protection des personnes et des biens. Il s'agit de la brigade de sapeurs-pompiers de Paris et du bataillon des marins-pompiers de Marseille. Près de 10 000 hommes et femmes, sapeurs et marins, sous-officiers et officiers mariniers, officiers et médecins protègent deux des agglomérations les plus peuplées de France, dans lesquelles vivent près de 10 millions d'habitants. À Paris, les sapeurs-pompiers appartiennent à l'arme du génie de l'armée de terre ; à Marseille, les marins-pompiers dépendent de la Marine. Il faut y ajouter les sapeurs-pompiers des bases aériennes, qui doivent parfois combattre de violents incendies d'aéronefs dont les soutes ne contiennent pas exclusivement du kérosène… Cette description de la profession serait incomplète si l'on ne mentionnait les militaires des unités d'instruction et d'intervention de la Sécurité civile, les UIISC 1, UIISC 5 et UIISC 7, qui sont basées respectivement à Nogent-le-Rotrou, à Corte et à Brignoles. Ces sauveteurs interviennent sur les feux de forêt, mais aussi sur les catastrophes naturelles en France et à l'étranger, dans le cadre de l'aide internationale. Voilà donc des soldats dont la mission première est de sauver leur prochain, une situation paradoxale pour des militaires. Mais après tout, ne serait-ce pas là la vocation d'une armée de métier à l'heure où la départementalisation officialise le statut du pompier français et où la professionnalisation des armées cherche à optimiser les intérêts de la nation ?

> > > Feu d'entrepôt à Gennevilliers, Hauts-de-Seine

LA BRIGADE DE SAPEURS-POMPIERS DE PARIS (BSPP)

Placé sous l'autorité du préfet de police, le bataillon de sapeurs-pompiers fut organisé militairement par décret impérial de Napoléon Ier en date du 18 septembre 1811. Cela fit suite au terrible incendie de l'ambassade d'Autriche du 1er juillet 1810. Le bataillon était alors composé de quatre compagnies de 142 hommes chacune. Plusieurs décrets et des réorganisations successives modelèrent ce corps pour en faire une unité militaire à part entière, à qui Napoléon III remit son drapeau en 1869. C'est sur ce même drapeau qu'Émile Loubet, alors président de la République, épinglera en 1902 la Légion d'honneur, distinction suprême accordée à une unité. En effet, seuls les régiments qui avaient pris un drapeau à l'ennemi se voyaient décorer de la sorte.

En 1866, Napoléon III ordonna la création d'un régiment de sapeurs-pompiers comprenant deux bataillons de six compagnies chacun, soit un effectif de 1 572 hommes. En 1964, le nouveau découpage administratif de la région parisienne entraîna la redéfinition du secteur de compétences des pompiers. Outre Paris, celui-ci se trouva élargi aux trois nouveaux départements de la petite couronne (Hauts-de-Seine, Seine-Saint-Denis, Val-de-Marne). Le régiment fut dissous et, en mars 1967, la brigade fut créée, avec à sa tête, pour la première fois de son histoire, un officier général. Aujourd'hui, plus de 6 800 hommes, répartis dans 77 centres de secours, assurent le fonctionnement de cette prestigieuse unité.

En haut : Chaque lundi matin, dans toutes les casernes de Paris et de sa banlieue, l'appel des morts au feu honore leur mémoire et rappelle l'importance de la devise de la brigade : « Sauver ou périr. »

Page de gauche : Chaque premier samedi du mois, les sapeurs-pompiers de Paris s'entraînent à escalader par l'extérieur les trois étages de la tour Eiffel.

En bas : L'exercice dit « de la planche », effectué deux fois par jour, était à l'origine une spécificité parisienne, mais on le retrouve aujourd'hui dans d'autres corps en France. Sa réussite est indispensable pour le renouvellement de chaque contrat qui jalonne la carrière d'un militaire. La planche est en bois ; elle est fixée horizontalement, à 2,40 m du sol. Le sapeur se présente sous elle et, d'un bond, en attrape l'extrémité à bout de bras. Après une suspension allongée, une traction vigoureuse l'élève au-dessus de la planche, où il doit se maintenir quelques secondes.

Sauvetages dans la Seine, secours à victimes,

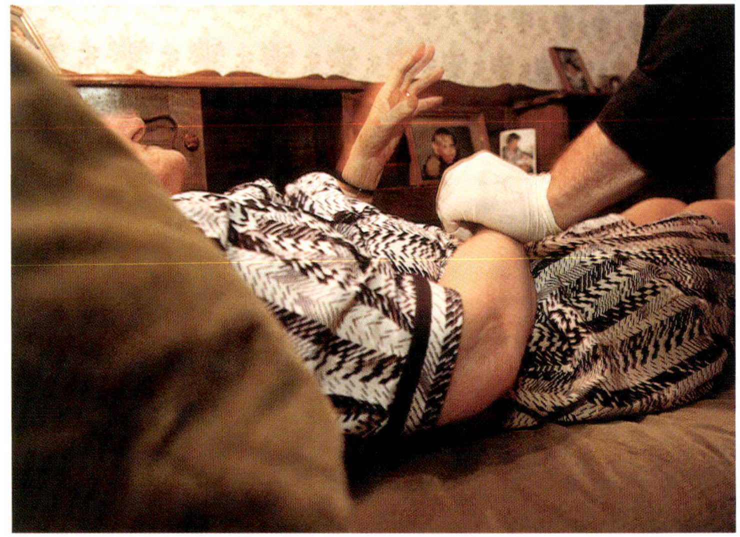

effondrements d'immeubles, incendies...

« Ça décale », ou « décaler », est une expression que l'on retrouve dans la bouche de tous les pompiers de France. Cette formule parisienne remonte à l'époque où les pompes à vapeur, extrêmement lourdes, étaient tractées par des chevaux. Pour faciliter le travail des animaux, elles étaient calées en position de départ sur les bateaux des trottoirs situés devant les casernes. Au moment de l'alerte, il fallait donc retirer les cales pour leur permettre de partir. Les camions ont remplacé les chevaux, les cales ont disparu, mais le jargon est resté. Aujourd'hui « ça décale » toujours dans la capitale, et « ça décale » même beaucoup ! Avec plus de 330 000 départs des secours par an, les pompiers de Paris sont les plus sollicités de l'Hexagone.

Le boulevard périphérique et les autoroutes qui entourent la capitale sont le lieu de violents accidents de circulation. Chaque fois, la rigueur et la compétence des pompiers sont requises.

LE BATAILLON DE MARINS-POMPIERS DE MARSEILLE (BMPM)

Comme à Paris, c'est une catastrophe qui vaut à Marseille d'être protégée par des militaires et non par des civils. En 1938, un violent incendie, alimenté par le mistral, éclate sur la célèbre Canebière. Les pompiers de la ville sont vite dépassés par les événements. Des renforts arrivent de tout le département des Bouches-du-Rhône, et le corps de Lyon envoie également des hommes et du matériel par chemin de fer. Des marins-pompiers de l'arsenal de Toulon complètent le dispositif. Ils se rendent rapidement sur le terrain, et leur efficacité, basée sur une discipline et sur une compétence hors pair, en impressionne plus d'un. Moins de un an plus tard, un décret-loi institue un bataillon de marins-pompiers de la Marine nationale dans la ville de Marseille. Cette unité, commandée par un officier de marine, compte aujourd'hui 2 000 hommes. Placée sous la direction du maire de Marseille, elle est chargée d'assurer la sécurité des personnes et des biens dans la ville. Son action s'étend aux ports, au littoral, à quatre communes limitrophes qui forment l'« arc marseillais », dans l'emprise de l'aéroport international Marseille-Provence ainsi que dans la zone industrielle et portuaire de Fos-sur-Mer. Le BMPM est l'une des plus grandes formations de la Marine nationale. En 1982, le ministre de la Défense lui a décerné son drapeau – l'un des sept que compte la Marine française – en récompense des services rendus en France et à l'étranger.

Ci-contre : Intervention en mer des plongeurs de la section opérationnelle spécialisée.

> > > Feu de bateau dans le port de Marseille

Le groupe de reconnaissance et d'intervention en milieu périlleux (GRIMP) effectue quelque 70 interventions par an. Il est composé de 70 sauveteurs qualifiés, de 20 chefs d'unité et de 2 officiers.

Le bataillon des marins-pompiers de Marseille assure les missions classiques des sapeurs-pompiers des autres communes. Pour faire face aux risques technologiques (présence de raffineries, d'usines chimiques, d'entreprises et d'hopitaux utilisant des sources nucléaires) et aux risques naturels (éboulements, inondations…), il s'est doté de sections opérationnelles spécialisées. Elles sont sept, dont le groupe de reconnaissance et d'intervention en milieu périlleux (GRIMP) et une section de lutte contre les pollutions par hydrocarbures en milieu maritime, fluvial et terrestre. Créée en 1978, d'après l'expérience des pompiers de Brest, à la suite du naufrage du pétrolier *Amoco Cadiz*, elle compte 170 hommes.

Les marins-pompiers sont sur tous les fronts ;

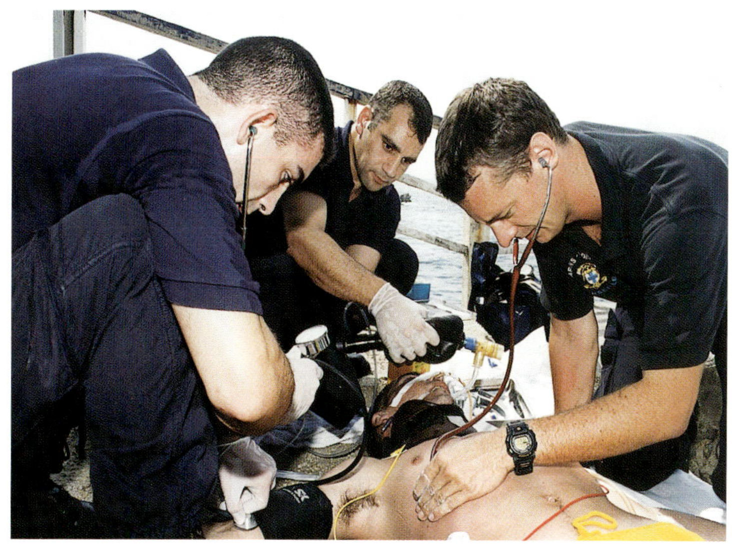

leur action s'étend aux alentours de Marseille

PORTRAITS ET ATTITUDES

Des sauveurs au cœur de l'action

Toutes les corporations ont inventé, au fil des siècles, un processus pour pouvoir communiquer, se reconnaître dans le feu de l'action, affirmer leur identité. Les militaires, de toutes les armes et de tous les pays, sont certainement les instigateurs de ces codes particuliers. L'uniforme des sapeurs-pompiers, la hiérarchisation des corps, mais aussi les grades – qui permettent, dans une caserne ou lors d'une intervention, de trouver la bonne personne à la bonne place – sont marqués par cet esprit militaire. Il y a peu encore, le drapeau manquait à la panoplie. Seuls les corps de sapeurs-pompiers de Paris et de Marseille possédaient cet emblème, à l'image de rares unités de l'armée française. Cette distinction, nous l'avons vu, vient récompenser un fait d'armes. Or, aujourd'hui, chacun s'accorde à penser que les seuls « combattants » actifs – si l'on excepte les rares théâtres d'opérations militaires dans le monde où la France est présente – sont les sapeurs-pompiers. Il y avait donc dans l'absence de drapeau un manque qu'une publication du *Journal officiel* en date du 8 février 2001, émanant du cabinet du ministre de l'Intérieur, est venue combler. Elle spécifie que « chaque corps départemental de sapeurs-pompiers doit posséder son drapeau [...] ». Qu'il s'agisse d'un défilé, d'une remise de récompense ou des obsèques d'un disparu au champ d'honneur, le drapeau tricolore aux armes du corps sera désormais de mise. Cette mesure vient reconnaître un métier, véritable sacerdoce où le prix à payer pour aider son prochain est parfois celui de sa propre vie. Les attitudes qui illustrent ces vies tumultueuses sont un véritable langage que nous vous invitons à découvrir. Un langage fait de gestes, de regards, de fumées et de flammes, un code qui n'appartient qu'aux sauveurs d'hommes.

> > > Le regard suit la trajectoire du jet d’eau

Qu'il s'agisse d'une batte à feu **(ci-contre)** ou d'un casque F2 et d'une cagoule **(ci-dessus)**, les sauveurs d'hommes utilisent des outils et des équipements qui leur sont propres. Ils leur sont indispensables pour mener à bien leur mission et engendrent des comportements particuliers. Ces images parlent d'elles-mêmes, révélant à celui qui les observe avec attention qu'ici le combat a été rude. La fatigue qui se lit dans les regards, le rictus qui barre le visage, donnent une idée de la violence des éléments. Pourtant, les sapeurs-pompiers ne réclament aucune compassion. Et leur attitude traduit aussi la satisfaction de la mission accomplie.

Lorsque l'on exerce le métier « qui sauve », celui que l'on fait dans l'urgence, dans des situations de risque extrême, il n'y a guère de place pour échanger ses émotions. L'intervention ne laisse aucun répit, et l'on doit aller à l'essentiel. Les pompiers sont habitués à parler peu, mais de manière efficace. Cette économie de langage n'exclut pas pour autant la transmission de sentiments, grâce au pouvoir expressif des visages. Pendant la manœuvre, entre deux travaux, après une intervention, les traits se détendent, les sourires montrent la fierté d'être sapeur-pompier. On se cherche du regard, on croise celui de l'équipier ou du chef pour obtenir son approbation, son jugement sur la qualité du service rendu. Car le geste, qu'il ait été réalisé dans des conditions dangereuses ou banales, a requis toutes les qualités que l'on demande au technicien du risque.

À gauche : La rue défile à toute allure. Le bruit de la sirène couvre les respirations.
Le moteur rugit à chaque changement de rapport. C'est un départ pour feu. On s'équipe : col de feu et veston de peau, ceinturon et casque. L'habitacle est exigu, et pourtant chacun trouve sa place dans le camion rouge. Lorsqu'ils mettront pied à terre, ils seront tous prêts, comme à la manœuvre. Il n'y a ni angoisse, ni peur ; seulement une excitation sourde qui fige les esprits et dicte les gestes.
Page de droite : Au quotidien ou dans les situations d'urgence, le sapeur-pompier doit composer avec l'existant. La jeune fille apprivoise les tuyaux, le soldat du feu du Var assure la logistique lors d'une intervention de longue durée, le pompier de Paris récupère du matériel pour aider ses collègues.

JEUNES SAPEURS
POMPIERS

Ci-contre : Le sifflement caractéristique qui indique que les deux bouteilles de l'appareil respiratoire sont vides est le seul motif qui parvient à interrompre une équipe quand elle combat un feu. Qu'à cela ne tienne, on change les bouteilles pour repartir au « charbon ». Ce charbon ardent qui peint si joliment les visages…

En bas : Le bois, le plastique, le plâtre et tous les éléments dont le feu se délecte dégagent une fumée âcre en se consumant. C'est cette fumée qui colore les visages des pompiers. Peintures de guerre des temps modernes qui permettront aux collègues restés au centre de secours de saluer le retour des héros après la lutte. Les parures de chacun, le dessin des motifs sombres, en disent long sur l'intensité du combat et la violence du feu.

Depuis la nuit des temps, le feu suscite la crainte et engendre la panique. Cette peur a permis l'organisation de la lutte contre les incendies. Au cours du XXe siècle, l'ingéniosité s'est alliée à la technologie pour innover en termes de protection, mais aussi de prévention. Tout ou presque a été revu. Il ne reste qu'un seul dénominateur commun, unique et irremplaçable : l'homme.
Du guetteur solitaire installé au commet d'une tour derrière ses puissantes jumelles **(en haut)** au trio actif et organisé **(en bas)**, l'énergie humaine canalise les efforts consentis par tous pour assurer la protection des personnes et des biens. Elle optimise la technologie moderne, engendre des actions dont le dessein unique est de venir à bout de l'incendie.

Le binôme – expression consacrée pour désigner un duo chez les pompiers – ne se quitte jamais. Il ne faut en aucun cas perdre de vue son partenaire. Mais la fumée peut en décider autrement. On se cherche du bout des doigts, on se frôle pour se sentir, se rassurer. Il faut alors écouter, essayer de communiquer à travers un masque respiratoire qui atténue les sons, déforme la voix. À l'approche du feu, la parole se fait rare. Gestes et attitudes prennent le relais. Derrière la visière, les regards se cherchent. La compréhension est basée sur l'automatisme d'une conduite répétée maintes fois, mais surtout sur la connaissance mutuelle. Le mot « confiance » n'a pas de plus grande valeur que dans le monde des sauveurs d'hommes.

Un geste de remerciement contribue à leur bonheur

UN COMBAT POUR LA NATURE

Les spécialistes du feu de forêt

Les sapeurs-pompiers sont depuis toujours, et souvent au péril de leur vie, les premiers défenseurs de la nature. Au fil des étés, les incendies ravagent la planète, grignotant par milliers d'hectares les forêts du globe. Du maquis corse aux pinèdes landaises, sans oublier les paysages de Provence, immortalisés par le pinceau de Cézanne, la France n'est pas épargnée. Elle paie même un lourd tribut. Cette végétation, que dame Nature mettra plusieurs décennies à restaurer, est plus que jamais au cœur des débats qui animent les pouvoirs publics dans les régions à risques. Pendant longtemps, des conflits de compétences administratives, doublés d'intérêts corporatistes hésitant entre prévention et lutte, ont ralenti l'efficacité d'un combat pour la nature. Heureusement, les principaux acteurs sont aujourd'hui sur un pied d'égalité. Les puissants dispositifs de prévention et de lutte contre les feux de forêt en vigueur dans nos départements sont nés d'une démarche d'anticipation. Une approche scientifique permet désormais d'étudier les causes des incendies. Le grand public est sensibilisé au phénomène grâce à des campagnes d'information ; l'environnement des espaces détruits est reconstitué, et le paysage intelligemment réaménagé. Quant aux sentiers, ils sont débroussaillés et surveillés. Cette stratégie est renforcée par une attaque rationalisée et massive du moindre départ d'incendie : le feu est traqué par les airs et depuis le sol dès sa naissance. Les exemples sont nombreux où un simple feu de broussailles qui menaçait de ravager une forêt entière a nécessité un engagement important de moyens. La volonté des hommes est en marche, et le troisième millénaire peut enfin saluer une démarche environnementale globale, que l'on espère salutaire pour tous les êtres vivants.

Près de 24 000 hectares de forêts détruits en l'an 2000

À la mémoire des sapeurs-pompiers qui, chaque année,

paient de leur vie pour sauver la forêt

Guerre du feu dans le Var

Sur les quinze départements à risques que compte la France, s'il en est un qui mérite d'être cité, c'est bien le Var. Sa position géographique, ses conditions climatiques, la constitution de ses forêts et ses 465 000 hectares de surface boisée (qui en font le premier département forestier du pays) font souvent braquer les projecteurs sur lui. Certes, les 3 630 sapeurs-pompiers effectuent « seulement » 500 sorties pour combattre les feux de forêt sur 100 000 interventions annuelles. Mais ces feux dévastateurs engendrent des opérations d'envergure qui mobilisent jusqu'à 1 500 pompiers pendant plus d'une semaine. Les sapeurs-pompiers du Var ont été marqués dans leur chair par ces incendies. Le temps où les hommes se battaient vaillamment contre les flammes à l'aide de leur seule lance est bien révolu. Ce département s'est donné les moyens de répondre à la colère des éléments. Une volonté politique associée à des esprits novateurs ont permis d'apporter des solutions adaptées au terrain. Il ne s'agit plus seulement de guérir, mais aussi de prévenir. Des technologies sont mises en avant grâce à l'informatique. C'est le cas de la climatologie ou de la cartographie, particulièrement adaptées à une surveillance continue *in situ* pendant les périodes dites « à risques ». Les sapeurs-pompiers se sont eux-mêmes remis en question en élaborant de nouvelles techniques d'attaque et de nouvelles stratégies. Le matériel a évolué, avec des camions gros-porteurs et des hélicoptères bombardiers capables d'acheminer l'eau même quand l'accès est difficile. Les véhicules sont équipés d'un système d'autoprotection qui défend la vie des sauveteurs. Certes, la terre brûle encore dans le Sud, mais la comparaison des chiffres, d'une décennie à l'autre, est éloquente. La guerre du feu est déclarée…

> > Ici, la bataille a été perdue. Mais pas la guerre...

Une surveillance de tous les instants,

une capacité d'anticipation sur le terrain

L'anticipation de l'alerte et la localisation exacte du sinistre sont les seules parades efficaces dans la lutte contre les feux de forêt. Dès qu'un départ de feu est signalé, une savante machine de guerre se met en place. Le centre opérationnel départemental d'incendie et de secours (CODIS) engage les hélicoptères bombardiers d'eau et déclenche le départ de six engins de lutte contre les feux de forêt, qui proviennent des trois centres de secours impliqués territorialement. Sur place, le commandant des opérations de secours gère l'intervention et demande, si besoin est, des moyens en renfort tels que des Canadairs. La précision des coordonnées topographiques et la connaissance du secteur d'action sont autant d'atouts pour raccourcir le délai, fatalement toujours trop long. Malgré cela, les accès souvent compliqués rendent la tâche ardue. Le rôle des motos de surveillance dans cette organisation devient alors primordial **(page de gauche)**. Ces patrouilles localisent avec précision le lieu du sinistre et, surtout, elles repèrent le chemin d'accès le plus court. Elles guident les engins qui, au fur et à mesure de la montée en puissance du dispositif, se présentent aux abords de la forêt. Agissant comme de véritables saint-bernard, elles font le va-et-vient entre les différents chantiers du feu.

Ci-contre : La coordination d'un groupe feux de forêt, qui rassemble des véhicules d'incendie et de sapeurs-pompiers relevant de plusieurs centres de secours, repose sur une discipline et un langage uniques, connus de tous.

Aux premiers jours de l'été, des sapeurs-pompiers distribuent des brochures à un péage autoroutier afin de sensibiliser les touristes aux risques d'incendie dans le Var.

Les incendies qui détruisent chaque année des milliers d'hectares de forêt ont incité sapeurs-pompiers et pouvoirs publics à trouver des moyens d'être encore plus rapides pour déclencher l'alerte. Le but est de raccourcir autant que possible la chaîne des secours. Le dispositif de prévention et d'attaque commence avec la diffusion quotidienne d'un bulletin météo qui localise précisément les zones à risques selon la vitesse et la direction du vent, le degré d'hygrométrie et la température de l'air. Lorsqu'un secteur est qualifié de « très sévère », la base d'avions de la Sécurité civile dépêche des appareils de surveillance, qui vont guetter le moindre départ de feu. Dans le Var, cette patrouille aérienne est renforcée par cent trois binômes qui assurent des rondes motorisées selon un circuit précis. Ce quadrillage topographique a été établi dans le cadre d'un plan de défense de la forêt contre l'incendie (DFCI) qui implique les sapeurs-pompiers, mais aussi l'Office national des forêts, la Police et la Gendarmerie nationales, la flotte de la Sécurité civile, la Direction départementale de l'agriculture et de la forêt, les comités communaux des feux de forêt, les gardes-chasse et les gardes-pêche. La localisation d'un sinistre et sa matérialisation instantanée sur une carte sont rendues possibles par les « coordonnées DFCI » utilisées par l'ensemble des acteurs. L'efficacité du dispositif repose donc sur une totale implication de tous et sur une logique d'anticipation où l'effort porte autant sur l'attaque que sur la prévention.

/ / Du sommet de la tour, les « yeux du Var » veillent

Les moyens de prévention mis en œuvre pour lutter contre les feux de forêt comprennent un réseau de surveillance constitué par cinq tours de guet. Celle de Notre-Dame-des-Anges a été baptisée « Réal 2 ». Par temps clair, même le nord de la Corse est visible depuis ce bastion qui s'élève à 780 mètres d'altitude. Mais le relief varois, très accidenté par endroits, crée des zones d'ombres naturelles qui réduisent la visibilité. Ce vide est comblé par les patrouilles motorisées, qui assument aussi un rôle de veille. Elles circulent en véhicules tout-terrain, armés d'une réserve d'eau de 600 litres, ou sur des motos de 125 cm^3 de type trail. Cette vigilance permet d'éteindre 95 % des feux avant qu'ils n'atteignent 1 hectare et ne deviennent de véritables incendies.

1. Les tours de guet, au nombre de cinq dans le Var, renseignent le CODIS sur la naissance d'un sinistre, mais aussi sur son évolution.

2. Les véhicules légers de surveillance participent à la première attaque contre les flammes. Ils ont aussi pour rôle d'informer le public sur les risques liés à la forêt.

3. Les pistes forestières sont soigneusement débroussaillées et entretenues pour réduire le risque d'incendie et faciliter l'accès des secours.

4. Toutes les habitations sont soumises à des règles strictes de débroussaillage de leurs abords immédiats.

5. Dans les endroits urbanisés, le réseau hydraulique est pourvu de poteaux d'incendie.

6. Des citernes de 30 000 litres sont implantées dans tout le Var pour alimenter les hélicoptères bombardiers d'eau.

7. Les retenues d'eau artificielles sont autant de points où les hélicoptères peuvent s'alimenter.

8. Le poste de commandement mobile possède tous les outils de communication modernes. Il regroupe les différents échelons de commandement des sapeurs-pompiers, mais aussi les autorités des autres services publics concernés.

9. Les motos de surveillance font partie du dispositif de prévention propre au Var. Toujours par deux, elles sillonnent la forêt pour donner l'alerte.

10. Les groupes d'attaque feux de forêt sont constitués de quatre engins spécifiques à la lutte contre les feux de forêt et d'un véhicule de commandement.

11. Des ouvrages d'appui pare-feu sont créés et utilisés comme ligne d'arrêt.

Schéma d'attaque des feux de forêt

12. Les moyens de génie civil, tels que les niveleuses et les bulldozers, sont employés pour la création d'accès d'urgence à la lisière du feu.

13. À bord d'un hélicoptère de commandement, un officier des sapeurs-pompiers coordonne l'action des secours terrestres et aériens sur chaque sinistre important.

14. Les hélicoptères bombardiers d'eau, au nombre de cinq dans le département du Var, sont envoyés dès les premières minutes de l'alerte et viennent appuyer les secours terrestres.

15. Les avions bombardiers d'eau, avec leur imposante capacité hydraulique, sont le dernier maillon de la chaîne des secours feux de forêt.

Des équipements de protection plus sûrs,

une technique de combat à l'épreuve du feu

Dans le Var, les sapeurs-pompiers ont mis au point un plan spécial d'intervention : le plan « alerte liée aux risques météorologiques » (ALARME). Il est déclenché par le préfet dès que les conditions météo deviennent préoccupantes (mistral, sècheresse…). Une trentaine de détachements et de groupes d'intervention préventifs, réunissant hommes et matériel en nombre important, sont placés sur les nœuds routiers, près des massifs forestiers. Commence alors une longue attente dans le secteur qui leur est désigné, et cela jusqu'à la levée du plan. Cette action d'envergure limite considérablement le délai d'intervention.

En quelques minutes, les hélicoptères du Var peuvent acheminer hommes, matériel et eau dans un endroit inaccessible aux véhicules terrestres. Ce dispositif permet un gain de temps important et, surtout, garantit la couverture opérationnelle de tout le département.

Le DIH, un commando d'attaque

Les collines escarpées, où les accès sont difficiles, n'autorisent pas toujours une intervention terrestre en cas de sinistre. C'est pourquoi les sapeurs-pompiers varois ont mis au point le détachement d'intervention héliporté (DIH). L'hélicoptère bombardier d'eau, un engin moderne et novateur, est utilisé pour acheminer les combattants du feu directement sur le front. Dans plusieurs États américains, les pompiers sont largués par ce moyen en amont de l'incendie afin de créer des barrières coupe-feu. Dans bien des cas, ces techniques de déboisement, qui consistent à créer à grands coups de hache et à l'aide de tronçonneuses une bande étanche dépourvue de matières combustibles, suffisent à stopper un incendie. Les Varois maîtrisaient déjà cette technique. Mais le potentiel de ce commando pouvait être décuplé si on lui adjoignait une réserve d'eau, et cela partout où il pouvait être héliporté, sur les crêtes des collines comme au cœur de la forêt. En 1993, un lieutenant volontaire du Var, également cadre chez Électricité de France, a proposé d'adapter le système de dévidoir aérien utilisé par les techniciens d'EDF. En effet, l'alimentation en électricité de deux points séparés par une vallée est assurée par des hélicoptères qui dévident les câbles. L'idée a donc été mise en pratique pour dérouler des tuyaux d'incendie à travers la forêt. Après plusieurs essais concluants, ce système a été entériné par le SDIS 83. L'eau est désormais acheminée partout dans le département, ou presque.

Grâce aux paniers suspendus sous le ventre de l'aéronef, les lignes de tuyaux, de 40 millimètres de diamètre, qui peuvent atteindre 1 000 mètres de long, sont déroulées depuis le point d'eau jusqu'au point d'attaque. Cette opération requiert une grande maîtrise de la part des pilotes.

Ces combattants de l'impossible travaillent sans filet : le seul moyen pour eux d'atteindre la ligne de front est d'être hélitreuillés avec le matériel et les réserves d'eau. Ces avant-gardes lancent une attaque éclair, souvent décisive quant à l'évolution du sinistre, et cela dès les premières minutes.

Chaque instant compte ; le travail des pompiers et des pilotes est donc parfaitement chorégraphié. Avec trois appareils Bell 205, deux Écureuils B I et un hélicoptère de commandement, la flotte des hélicoptères bombardiers d'eau (HBE) du Var renforce l'imposant dispositif terrestre.

Les hélicoptères bombardiers d'eau de type Écureuil utilisent les « bambi buckets », des bâches d'une contenance de 1 000 à 2 000 litres qui peuvent être rapidement remplies à partir de n'importe quel point d'eau. Quant aux appareils de type Bell **(ci-dessus)**, ils ont un réservoir sous le ventre et viennent « aspirer » directement le liquide des citernes réparties dans la forêt en y plongeant leur « trompe ». Dans les premières minutes qui suivent le départ du feu, le largage rapide d'une grande quantité d'eau peut suffire à atténuer la virulence de l'incendie. Les HBE sont aussi équipés d'un système GPS-vidéo qui transmet au CODIS du Var la position exacte du sinistre, des images du panache et des points sensibles, ainsi que des vues d'ensemble. Ces données permettent au CODIS de compléter la perception du commandant des opérations de secours (COS) sur le terrain et d'anticiper le besoin de renforts. Les tours de guet apportent des informations supplémentaires.

En forêt, le feu progresse très vite, ce qui peut sauver les équipes de secours si elles se trouvent piégées par les flammes. Dans ce cas, le pompier ne devra sa survie qu'à ses réserves d'eau. Les véhicules sont donc équipés d'un système d'autoprotection. Des buses sont placées sur le pare-brise avant, sur chaque vitre latérale, sous le bloc moteur et sur chaque pneu. Des jets simultanés enveloppent le véhicule et ses occupants dans un nuage d'eau pulvérisée qui les met à l'abri de la fournaise. Les pompiers, quant à eux, revêtent un équipement de protection individuelle qui comporte des cagoules feux de forêt et des vêtements d'approche. Les cagoules sont munies d'un filtre respiratoire qui protège contre tous les gaz d'incendie, dont l'oxyde de carbone, et peuvent résister aux flammes les quelques secondes nécessaires. Le « poncho » a une découpe spéciale qui permet le port d'un appareil respiratoire ; il est en tissus de verre contrecollés sur un film en aluminium. Prévu pour une utilisation ponctuelle, il défend contre de forts rayonnements. En dernier recours, les avions bombardiers d'eau peuvent effectuer un largage de sécurité, directement sur un véhicule ou sur un groupe en difficulté. Lorsque cette opération délicate réussit, elle fait tomber les flammes, réduit la température et donne une chance aux soldats du feu de se dégager. Dans le Var, 90 % des pompiers morts en service commandé ont été victimes des feux de forêt.

Le feu enfin sous contrôle (août 2000, Haute-Corse)

Au mois d'août 2000, les sapeurs-pompiers varois ont été envoyés en Corse pour prêter main-forte à leurs collègues insulaires et affronter des feux de forêt qui ont été les plus graves enregistrés dans la région depuis dix ans. Le bilan est lourd : 2 500 hectares dévastés dans les massifs de la Restonica et 4 500 dans ceux du Vivario, en Haute-Corse. Les sauveteurs ont dû se battre sur des collines difficiles d'accès, à un rythme de travail infernal. Malgré l'appui de la quasi-totalité de la flotte de bombardiers d'eau de la Sécurité civile, le feu s'est montré le plus fort, à cause du vent, particulièrement violent, qui a empêché toute mesure efficace les premiers jours. Ce n'est qu'après une semaine de lutte acharnée que la météo a relâché son bras de fer, permettant aux 1 500 pompiers et militaires engagés sur l'ensemble du front de circonscrire les sinistres.

Ci-contre : Le combat terminé, la fatigue surprend les hommes, et le manque de sommeil se fait cruellement sentir. Le vent, qui vient de tomber, leur accorde quelques heures de répit. Le sapeur-pompier sait d'expérience que chaque minute de repos sera bénéfique. Car le combat va reprendre, et il faudra tenir encore quelques jours afin de traquer les reprises de feu sur la moindre crête, le plus petit maquis, la plus simple parcelle buissonneuse, où une braise peut encore couver. Tous savent que le dispositif de secours est entièrement déployé et qu'ils ne recevront plus aucune aide du continent, où, dans le massif du Luberon, le feu fait aussi des ravages.

Après une semaine de lutte épuisante,

l'avantage est aux soldats du feu

La prévention en Gironde

Malgré les avancées technologiques qui permettent aujourd'hui de définir des secteurs sensibles, le « risque zéro » en termes de feux de forêt est un rêve impossible. Le contexte climatologique, l'importance de la biomasse combustible, mais également la multiplication des zones d'activité humaine dans les régions forestières ont contribué aux terribles incendies de la dernière décennie. Les feux sont d'autant plus nombreux que les conditions météorologiques y sont favorables. La nature des vents, le degré de déshydratation de la terre et des végétaux, le manque cruel d'eau, sont des paramètres à prendre en compte pour lutter efficacement contre ce fléau. La complexité du phénomène a conduit la Direction de la défense et de la sécurité civiles à formaliser dans un guide les principes généraux sur lesquels doit se fonder l'approche du problème. Il s'agit d'une véritable stratégie destinée à servir de référence commune à tous les acteurs concernés par ce risque. Désormais, la forêt est mieux entretenue, auscultée au jour le jour. Celle des Landes de Gascogne, où les images présentées ici ont été réalisées, s'étend sur les départements des Landes, de la Gironde, du Lot-et-Garonne et avoisine le million d'hectares. Souvent citée en exemple pour sa préservation, elle a pourtant connu ses « étés rouges », celui de 1949 en particulier, pendant lequel 400 000 hectares ont été détruits et 82 sauveteurs civils et militaires ont péri. Aujourd'hui, nombre d'associations syndicales de défense contre l'incendie regroupent les propriétaires forestiers. Elles œuvrent avec les collectivités locales et les sapeurs-pompiers pour la sauvegarde de la forêt, qu'il s'agisse de l'entretien des voies de pénétration ou de la création d'ouvrages tels que des ponts, des gués ou des points d'eau.

Une collaboration entre pompiers et associations DFCI

La spécificité de la forêt du massif aquitain, au demeurant moins vulnérable que son homologue méditerranéenne, est sa vocation de forêt de rapport. Entretenue et exploitée par des entreprises forestières pour la qualité de ses conifères, elle a été plantée au XIXe siècle afin d'assainir et de développer la région. Son poids économique et écologique est devenu vital. La notion de protection de ce capital, apparue après les incendies de 1949, a entraîné la création de pare-feu et de points d'eau. Cette gigantesque surface boisée est protégée par 2 000 sapeurs-pompiers professionnels et quelque 5 000 volontaires.

En haut : Certains services départementaux d'incendie et de secours (SDIS), comme celui de la Gironde, ont des engins spécialisés dans la lutte contre les incendies de forêt, tels que ce véhicule de type chenillette. Il s'agit d'une citerne autotractée, d'une capacité de 1 200 litres, qui possède l'équipement d'un camion feux de forêt. Cet engin peut pénétrer dans les zones inaccessibles aux véhicules tout-terrain classiques.

En bas : Autre spécificité du SDIS 33, il a sa propre section de génie civil. Ce sont les sapeurs-pompiers qui conduisent niveleuse et autres bulldozers lorsqu'il s'agit de réaliser un pare-feu ou de faire du terrassement. Ces engins et leurs conducteurs sont de la sorte disponibles à toute heure du jour et de la nuit.

Ci-contre : Un camion-citerne feux de forêt (CCF) intervient sur un simple feu de tracteur. Une défection du système électrique du véhicule est à l'origine de l'incident, dont les sapeurs-pompiers viendront à bout en très peu de temps, évitant ainsi la propagation du sinistre dans la forêt voisine. Nous sommes au cœur de l'été, et cette intervention, en apparence banale, nous rappelle que 90 % des feux de forêt sont le produit de l'activité humaine. Paradoxe curieux, c'est cependant cette même activité qui préserve la nature, notamment grâce aux méthodes de sylviculture. Plantations en lignes, éclaircies fréquentes, débroussaillage et entretien des parcelles viennent ainsi renforcer la démarche préventive.

La plupart des feux de forêt sont dus à la négligence, mais on estime que 15 % d'entre eux résultent d'actes de malveillance. Cependant, plutôt que de chercher à qui profite le crime, il faut plus que jamais renforcer la surveillance des zones boisées.

L'histoire récente des feux de forêt

En matière de feux de forêt, la maîtrise du risque a hélas été acquise avec l'expérience. En un peu plus de vingt ans, ce sont des milliers d'hectares brûlés qui ont permis aux hommes d'appréhender le phénomène. À la fin des années 1970, l'approche du risque était subjective, et seules les zones d'exploitation sylvicole préoccupaient les pouvoirs publics. Le reste était qualifié de « zone à risques » et, selon cette logique, la garrigue du Sud partait en fumée... Dans les forêts landaises, grâce à un maillage de la surveillance, mais également parce que la configuration du terrain autorisait une grande mobilité des secours, la situation semblait maîtrisée. Le département des Landes comportait alors 24 000 kilomètres de pistes principales pare-feu, près de 800 points d'eau et de nombreux panneaux de signalisation. Et pourtant, c'est encore le feu qui allait se montrer le plus fort lors de la grande sécheresse de 1976. Quelques années plus tard, les sapeurs-pompiers étaient à nouveau confrontés à de violents incendies : en juillet 1989, 3 500 hectares étaient consumés en trois jours sur la commune du Porge, en Gironde ; en avril 1990, 6 000 hectares de pins partaient en fumée à Carcans et à Sainte-Hélène. Ces incendies sont la preuve que la prévention doit encore être optimisée et, plus important encore, qu'il convient de combler les lacunes sur la connaissance des facteurs qui favorisent le déclenchement et la propagation d'un feu. C'est uniquement au prix de tels efforts que l'on augmentera les chances de survie des forêts françaises.

10 hectares de forêt détruits en quelques minutes > >

C'est parce que les hommes ont voulu combattre les feux de forêt en adoptant une démarche plus didactique, en cessant de considérer le phénomène comme une fatalité, que les dégâts diminuent. L'échelle de risque feux de forêt, mise en place à la suite des grands incendies de la fin des années 1980, est révélatrice de cette volonté de comprendre pour mieux lutter. La Météorologie nationale et les sapeurs-pompiers ont élaboré ensemble cet instrument sur le principe de l'échelle canadienne qui détermine un indice de risque incendie forêt météo (IFM) d'après les relevés et les prévisions météo. Ce travail est actuellement renforcé par les études de combustibilité menées sur le terrain par le SDIS des Landes. L'heure est donc à la réflexion, mais aussi à la concertation, non seulement entre les scientifiques, les pompiers et les sylviculteurs, mais aussi entre les pays du sud de l'Union européenne, qui considèrent avec gravité la question des feux de forêt. Les conséquences économiques des incendies, tant en matière de tourisme que d'exploitation forestière, sont capitales aux yeux des pouvoirs publics, les pertes que subissent la faune et la flore arrivant au second plan. Mais qu'importe le motif qui pousse les hommes à unir leurs forces, seule compte ici l'issue du combat.

LES NOUVEAUX CHEVALIERS DU CIEL

Les pilotes de bombardier d'eau

Lorsque la forêt s'embrase, la sirène retentit. Le ciel devient rouge, les sapeurs-pompiers se lancent à l'assaut des flammes. C'est alors que surgissent les gros pélicans jaune canari, qui entament un dangereux va-et-vient entre l'eau et le feu, une valse à deux temps entre l'écopage et le largage. Les avions bombardiers d'eau, les célèbres Canadairs amphibies de la Sécurité civile, sont indispensables dans la lutte contre les feux de forêt. Ils constituent l'appui aérien complémentaire à l'action menée sur le terrain. Sur le modèle des pratiques de prévention au sol, le combat ne se mène plus seulement lorsque le feu fait rage, mais débute bien en amont. Des bombardiers d'eau rouge et blanc, les Trackers, le « ventre » rempli de produit retardant, sont employés pour des missions dites « de guet aérien armé ». Ils survolent les zones à risques, étouffant la naissance du sinistre au premier panache de fumée. Des Fokkers-27 font aussi partie de cette puissante armada antifeu, complétée par un lourd C-130 loué aux États-Unis, qui vient ponctuellement apporter son concours au dispositif mis en place dans le sud de la France. Ce chapitre est un hommage rendu aux aviateurs tombés au champ d'honneur, et plus spécialement à l'équipage du Hercules C-130 américain basé à Marignane pendant l'été 2000, qui s'est écrasé en Ardèche au cours d'une mission. Les pilotes des bombardiers d'eau font partie de l'élite des « ailes » françaises. Ils accomplissent leur tâche avec une conscience professionnelle irréprochable, écrivant l'histoire de la lutte contre les feux de forêt au péril de leur vie. Il n'en fallait pas davantage pour justifier la présence des équipages de la base d'avions de la Sécurité civile dans un livre dédié aux sapeurs-pompiers de France.

Six tonnes d'eau sont pulvérisées en quelques secondes

Avant chaque vol, le pilote passe en revue les différents points de sa check-list et fait une ultime vérification à l'œil nu depuis l'extérieur.

Le pilote de Tracker est le premier acteur de la lutte aérienne contre les feux de forêt. Tel un pilote de chasse, il vole seul. Les Trackers sont des appareils américains qui datent des années 50. En 1971, les Canadiens les ont transformés en bombardiers d'eau. Dix ans plus tard, la France en a acquis huit, convertis à leur tour en bombardiers d'eau par Conair. En juin 1982 trois modèles Trackers Firecat sont arrivés à Marignane. Ces avions, qui fonctionnaient avec des moteurs à pistons, ont été remotorisés et ils sont désormais équipés de turbines. Rebaptisés Turbo Trackers Firecat, ils peuvent emporter en vol 3 395 litres de produit retardant. Actuellement, la Sécurité civile possède douze appareils de ce type, dont un ancien T-2 à pistons.

Dotés d'une grande autonomie, les Trackers assurent surtout des missions de guet aérien armé (GAAR). Ils contribuent à la stratégie de prévention en intervenant dès le départ des feux de forêt. Patrouillant toujours par deux, les soutes chargées de produit retardant, ils survolent les territoires qualifiés par le CIRCOSC de « zones à risques ». À la moindre fumée suspecte ou dès le déclenchement d'une alerte par les vigies, ils larguent leur cargaison, ce qui suffit la plupart du temps à éteindre le feu. Car les premiers largages sont décisifs, le chef de patrouille le sait bien, qui a une solide expérience des incendies de forêt. Il faut savoir que près de 80 % des sinistres sont maîtrisés par la seule intervention des Trackers. Le retardant est lâché à une vitesse de 240 km/h, à une trentaine de mètres du sol seulement. Sa force d'impact est d'environ 300 kilos au mètre carré. On comprend dès lors que le métier de pilote requière un long apprentissage. Ces hommes, bien souvent issus de l'armée de l'air ou de l'aéronavale, effectuent d'abord une « saison feu » à bord d'un Canadair, en double commande avec un instructeur. L'année suivante, ils sont copilotes, assurant uniquement la conduite moteur et l'écopage. La troisième saison se déroule à bord d'un Tracker Firecat, mais en compagnie d'un instructeur. Lors de la quatrième saison, ils volent seuls et font équipe en patrouille de deux avec leur instructeur. Ce n'est qu'au terme de la cinquième saison qu'ils sont parfaitement autonomes.

« Pélicandrome » de Marignane, un matin d'été...

... les bombardiers d'eau remplissent leurs soutes

Le « pélicandrome »

Sur les quinze départements à risques que compte la France, dix-huit stations de remplissage, surnommées « pélicandromes », permettent aux Trackers et aux Fokkers-27 de se ravitailler en produit retardant, soit pour assurer des missions de guet aérien armé, soit pour éteindre des incendies déjà déclarés. En effet, seuls les avions amphibies, qui peuvent écoper rapidement, travaillent avec de l'eau. Ceux qui sont obligés d'atterrir pour faire le plein sont systématiquement armés en retardant, un produit quatre fois plus efficace que l'eau, résultant d'une savante combinaison chimique. Ce liquide rouge préparé dans les stations de remplissage contient des additifs qui augmentent les capacités extinctrices de l'eau. L'implantation des « pélicandromes » et la répartition des avions au sein du dispositif de prévention permettent de diminuer le temps de rotation de chaque appareil entre le point de remplissage et le feu. À Marignane, « pélicandrome » créé en 1960, on peut également rincer à l'eau douce les soutes des Canadairs pour préserver le matériel de la corrosion, car les « pélicans » en question écopent la plupart du temps en Méditerranée. Cette station de ravitaillement comporte un bassin de 320 mètres cubes d'eau et une cuve de retardant d'une contenance de 130 mètres cubes. Des pompes, pilotées par un densimètre électronique, dosent le mélange eau/produit retardant. Le temps de remplissage est de deux minutes pour les Trackers et de deux minutes trente pour les Canadairs.

Les « pélicandromes » sont activés par les pompiers des SDIS. Des équipes sont formées au langage pompier pilote pour faciliter la délicate manœuvre de remplissage. La sécurité est un enjeu important, car, pour gagner du temps, les pleins s'effectuent alors que les hélices de l'avion sont en action.

Ci-contre : Lorsque le feu fait rage dans la forêt, il est un avion qui se distingue dans la lutte aérienne, c'est le célèbre amphibie Canadair. La flotte de Marignane est composée de onze appareils biturbopropulseurs CL-415. Ces avions se sont rapidement révélés comme les plus rapides pour intervenir sur les feux. À condition que l'opération de remplissage des soutes ait lieu dans un délai très court, d'où l'idée de l'hydroplanage, mise au point par le sous-préfet Francis Arrighi, véritable instigateur des bombardiers d'eau en France. Les premiers Conso-Catalina, des hydravions rachetés aux Canadiens ont confirmé cette théorie. Aujourd'hui, les écopes, qui sont vérifiées chaque matin par le copilote, permettent d'avaler 6 tonnes d'eau en douze secondes à peine.

Ci-dessous : Dans le cockpit du Canadair, le bouton de largage de l'eau sur le manche fait étrangement penser à un avion de combat. « Mais ici, disent les pilotes, l'ennemi c'est le feu… »

Le bombardier d'eau CL-415

Actuellement exploité pour combattre les feux de forêt, le Canadair CL-415 est le dernier-né d'une longue lignée d'avions amphibies conçus et fabriqués par la firme canadienne Bombardier Aéronautique. À ce jour, quarante-quatre avions de ce type sont en service dans le monde. Doté d'un système d'instruments de vol électronique, de commandes assistées et d'un système de largage informatisé à quatre compartiments, cet appareil est le plus adapté sur le marché de la lutte contre les incendies. Ses réservoirs contiennent 6 124 litres d'eau et sont équipés d'un système d'injection de moussant d'une contenance de 680 litres. Les moteurs turbopropulseurs poussent l'avion à 320 km/h, ce qui augmente sa cadence de largage par rapport à ses prédécesseurs. Sa forme, particulièrement étudiée, lui a valu son surnom de « pélican ». Combinée à sa grande voilure et à sa robuste structure, elle lui permet d'effectuer des attaques directes à basse vitesse pour larguer toujours au plus près du feu.

James Griset a toujours à l'esprit le respect des anciens comme celui de ses pairs. Cette humilité guide sa conduite : « Je suis un petit dans le monde des grands », se plaît-il à répéter.

James Griset, sur les traces d'un père pionnier

Avec ses lunettes de soleil et sa combinaison orange, James Griset semble sorti du film « Top Gun ». Ce pilote de Canadair possède la classe inimitable des chevaliers du ciel, de « ceux qui volent au-dessus des flammes ». Une fois n'est pas coutume, voici un homme qui parle humblement de sa profession. Comme tous les pilotes de la base, James est un ancien militaire, à ceci près que lui ne pilotait pas un Alpha Jet aux couleurs de la patrouille de France, ni un Super-Étendard de l'aéronavale, mais qu'il a débuté comme mécanicien sur les porte-avions « Foch » et « Clemenceau ». En 1982, il est affecté par l'aéronavale à Marignane pour la maintenance des CL-215. Il a alors vingt-quatre ans, mais son expérience est loin d'être nulle, car monsieur Griset père s'est déjà distingué comme l'un des grands pilotes de la base. « Mon père a piloté les Conso-Catalina, les 215 et les DC-6 avant de devenir chef des opérations à la base », explique fièrement James. Le contrat qui le lie à l'armée prend fin, mais le virus l'a atteint, et il passe les qualifications pour devenir mécanicien navigant sur le CL-215. « C'était un vrai boulot de mécano, on volait avec des moteurs à pistons qui ronflaient dans l'huile et qui parfois surchauffaient. » En 1995, les CL-415 apparaissent, condamnant à terme le métier de mécanicien navigant. James décroche alors une qualification de copilote sur Canadair. Le rêve devient réalité, notre homme peut enfin déployer ses ailes et appartenir à la très petite famille des pilotes de bombardier d'eau.

Le programme Canadair a été lancé en 1966, et la France a été le premier acquéreur de ces avions. Lors de l'été 1969, les estivants ont découvert les gros pélicans jaune et rouge dans le ciel de la Côte d'Azur. Il s'agissait du modèle à pistons CL-215 **(ci-contre)**, qui a été utilisé à Marignane jusqu'en 1995, date du remplacement total de la flotte par les CL-415. Le vieux modèle à pistons est encore en service dans de nombreux pays, dont l'Espagne, la Grèce et la Croatie. Ces avions ont donné à la base aérienne de la Sécurité civile ses « ailes » de légende.

LES MISSIONS DU CANADAIR, DE L'ÉCOPAGE AU LARGAGE

Pour pouvoir larguer de l'eau sur un feu, il faut au préalable remplir les réservoirs. Pour des raisons de sécurité, les décollages de Marignane se font toujours à vide. Mais même pour une mission de routine, les Canadairs écopent d'emblée, dans un prolongement naturel de l'étang de Berre qui borde l'aéroport de Marseille-Provence. Une fois en l'air, il s'agit d'être « armé », au cas où une intervention s'imposerait. L'hydroplanage permet d'écoper au ras de l'eau et optimise le temps de remplissage. L'opération se fait à 130 km/h. À cette vitesse, l'eau a une résistance comparable à celle du béton, et les pilotes considèrent cette phase comme particulièrement délicate. La houle qui creuse la mer est un danger supplémentaire. Une fois le plein effectué, les écopes se referment automatiquement. Le pilote pousse alors la machine pour atteindre 170 km/h, sa vitesse au décollage. Comme tous les avions, les Canadairs sont limités par les conditions aérologiques, le poids de l'eau constituant un paramètre de plus. Les vents méditerranéens, le relief de l'arrière-pays niçois et celui tout aussi sévère de la Corse sont à l'origine de vols éprouvants. Sachant que le but reste toujours d'effectuer des « passes feu » au plus près des flammes. En cas d'incident, les pilotes doivent être prêts à larguer leur cargaison liquide afin de récupérer un peu de puissance motrice. Mais la dextérité de ces nouveaux chevaliers du ciel semble repousser toujours plus loin les limites de ces drôles de pélicans…

> > > Mission au-dessus de l'enfer pour ce Tracker

NOYADE INTERDITE

Les sauveteurs nautiques

La France, riche de son littoral, mais également de ses nombreux plans d'eau, attire tous les étés des milliers de touristes. Ceux-ci n'échappent pas à la vigilance des services publics chargés de leur sécurité, les CRS mais aussi les sapeurs-pompiers, dont on ne connaît pas toujours forcément le rôle sur les plages. Ces sapeurs-pompiers, qui possèdent la qualification de maître nageur sauveteur, œuvrent essentiellement pendant l'été. Des professionnels encadrent les volontaires et les saisonniers, la majorité des sauveteurs nautiques étant en effet constituée de sapeurs-pompiers volontaires temporaires qui, en fonction de leur affectation, honorent un engagement d'une durée de deux à quatre mois. Leur mission consiste à assurer la sécurité des vacanciers et à les secourir en cas de besoin. Cela signifie que l'esprit de volontariat, même lorsqu'il n'est pas exprimé à l'année dans une caserne, peut l'être le temps d'une saison, dans une cabane de planches en bord de mer. Le rôle de sauveteur nautique requiert tout de même des qualifications spécifiques, liées à l'environnement aquatique, et nécessite le respect de quelques règles de vie en collectivité. Loin de s'adonner aux plaisirs balnéaires, ces pompiers temporaires consacrent leur été à scruter le bord de mer, prêts à intervenir, et cela du lever au coucher du soleil, avec une discipline aussi stricte que dans un centre de secours. Les contraintes sont donc nombreuses, à commencer par celles de l'emploi du temps, où six jours sur sept sont occupés. Malgré tout, le tableau demeure séduisant, et l'on peut se permettre de penser que la prestation des sauveteurs nautiques est loin d'être désagréable. La preuve : plus des trois quarts des effectifs renouvellent leur candidature en fin de saison...

> > > Hourtin, intervention pour sauvetage en mer

Voir bien, voir loin. L'acuité visuelle des sauveteurs ne saurait suffire. C'est pour cela qu'ils sont tous armés d'une paire de jumelles. La puissance du soleil joue souvent en défaveur de ces observateurs, et lorsque l'astre descend sur l'horizon, la mer devient un véritable miroir. Pour pallier ce handicap, les lentilles sont traitées avec un revêtement antireflet.

Le soleil vient de se lever sur l'Atlantique, et le poste de secours d'Hourtin-Plage se met en mouvement. Il est composé d'une tour de guet sur laquelle flotte le drapeau, dont la couleur annonce l'état de la mer. Une quinzaine de sauveteurs travaillent ici pendant l'été. Pour ces sapeurs-pompiers professionnels du département de la Gironde et ces sauveteurs saisonniers, la tâche commence très tôt le matin. Pendant qu'une équipe plante les panneaux de signalisation interdisant la baignade aux endroits où les courants sont particulièrement violents **(page de gauche)**, un autre groupe délimite la zone autorisée. On procède ensuite au relevé des paramètres météo : température de l'air et de l'eau, force du vent, hauteur des vagues et nature des nuages. Ces informations sont ensuite transmises à Météo France et délivrées aux baigneurs. Puis les pompiers sauveteurs prennent leur place dans leurs postes de guet respectifs alors qu'arrivent les premiers vacanciers **(à droite)**. Commence alors une longue observation. Le flegme des sauveteurs n'est qu'apparent : on examine les courants de bordure, le jeu des vagues avec les bancs de sable invisibles des baïnes, les transformations opérées par les marées sur la zone de baignade. L'aisance du nageur est évaluée, l'imprudent est repéré, et une patrouille s'en va le guider. Tout repose sur l'expérience des sauveteurs : ils anticipent les difficultés de ceux qui croient jouer avec l'Océan alors que c'est l'Océan qui se joue d'eux...

[**Le jet-ski, un moyen d'intervention rapide en mer**

Patrice Rochel, l'homme au jet-ski

Aussi à l'aise au volant du véhicule de premiers secours de Coutras, près de Libourne, qu'au guidon du jet-ski du poste de secours d'Hourtin-Plage, Patrice Rochel est un homme présent sur tous les fronts. Cet instructeur de karaté, âgé de vingt-neuf ans, a rapidement été séduit par l'activité de sapeur-pompier, et c'est après avoir travaillé plusieurs saisons sur la plage comme sauveteur qu'il s'est décidé à fréquenter la caserne de Coutras comme volontaire. D'un uniforme à l'autre, il est sur le terrain quasiment toute l'année. Outre ses fonctions de sauveteur nautique, Patrice est aussi l'un des trois pilotes de jet-ski. Patrouillant sans relâche sur le littoral atlantique, il franchit les énormes vagues avec une apparente facilité, prêt à intervenir à tout moment. Lorsqu'on l'interroge sur son activité, il cite un sauvetage où il a été contraint de franchir sur sa machine des vagues de plus de 3 mètres pour secourir un surfeur. « Ce jour-là, raconte-t-il, je savais que je n'avais pas droit à l'erreur, et tout s'est joué sur la lecture des vagues. Il fallait les prendre au bon moment et au bon endroit. La réussite d'une intervention dépend souvent de l'expérience. C'est ce qui fait le propre d'un métier et qui n'est écrit nulle part... » Pour Patrice Rochel, la tentation d'en faire sa profession est grande, mais comporte toutefois le risque d'être affecté loin de Coutras. Pourtant, il y a fort à parier que ce jeune homme au regard bleu horizon tentera bientôt le concours pour devenir sapeur-pompier professionnel...

Patrice Rochel, sapeur-pompier volontaire à Coutras l'hiver, et sauveteur nautique à Hourtin l'été.

Installés sur leur mirador pour une longue journée, les sauveteurs sont armés de l'indispensable paire de jumelles et d'une valise de premiers soins **(ci-contre)**. Des palmes, mais aussi des bouées et des gilets de sauvetage complètent leur équipement. La surveillance au quotidien des baigneurs est l'une de leurs activités, mais la prévention constitue aussi une part importante de leur mission estivale. Heureusement, les interventions sont rares, et cela pour une raison simple : l'efficacité de cette démarche préventive. Qu'ils viennent à Hourtin pour la première fois ou qu'ils soient des habitués, les touristes n'hésitent pas à se renseigner au poste de secours. Ils interrogent les sauveteurs sur la météo, son évolution au cours de la journée, la signification de la couleur du drapeau ; ils demandent des explications sur les « baïnes », ces dépressions de la plage qui créent de violents courants. L'enfant qui a échappé l'espace d'un instant à la vigilance de ses parents est amené aux sapeurs-pompiers **(page de droite, en bas à gauche).** Si les parents ne se manifestent pas, une patrouille peut être organisée sur la plage, l'enfant prenant place à bord du véhicule. Le poste de secours est aussi équipé d'une salle de soins : on y traite les « petits bobos » : coupures, piqûres d'insectes ou de vives, des poissons urticants… Les chocs, parfois violents, entre baigneurs et surfeurs peuvent de même donner lieu à des soins, voire à une évacuation vers l'hôpital lorsqu'une lésion du rachis est suspectée.

Du matin au soir, des activités multiples...

... qui vont de la prévention au sauvetage

Recrutement et formation

Pour prétendre à la fonction de sauveteur nautique, il faut avoir dix-huit ans, posséder le certificat de formation aux activités de premiers secours en équipe (CFAPSE) et réussir les différents tests d'admission à la formation du brevet national de sécurité et de sauvetage aquatique (BNSSA). Cette formation, qui dure quatre mois et demi, est organisée par le service nautique des sapeurs-pompiers. Bien sûr, elle est sanctionnée par un examen. Avec deux entraînements bihebdomadaires en piscine et des fins de semaine consacrées aux cours théoriques, le cursus inclut une formation initiale de sapeur-pompier volontaire. Après l'obtention de ce brevet, des stages spécifiques en milieu naturel – soit en mer, soit en lac– complètent ce cursus de formation. Ils durent une dizaine de jours. Le sauveteur sera ensuite affecté en fonction de son évaluation et donc de sa capacité à occuper le poste. Il assurera des missions de surveillance de baignade, de prévention et de sécurité sur les plages ainsi que de sauvetage et d'assistance de personnes en danger.

Autre matériel qui, allié aux jumelles, va permettre de hâter le départ des secours : la radio. Le poste de secours principal est équipé d'une station radio qui le relie au centre nautique auquel il est rattaché, mais aussi aux sauveteurs qui sont répartis sur les miradors et dans les différents secteurs de surveillance.

Dès que l'alerte est donnée, un sauveteur fond vers la victime. Sa mission : l'atteindre avant qu'elle ne coule. Secourir un baigneur en difficulté dans un courant de baïnes est une course contre le temps. Engagement physique, adaptation de la technique de nage à l'Océan, connaissance des courants, se combinent alors pour la meilleure performance. Une fois le baigneur repéré, le sauveteur vise sa trajectoire de nage et choisit son point de mise à l'eau. Après une course sur la plage, il percute les premières vagues, chausse ses palmes et nage enfin. Les vagues se brisent devant lui. Il se glisse dessous en apnée. Puis la houle le porte et il aperçoit la victime non loin, les traits crispés par la peur et l'essoufflement. Le nageur est épuisé ; il tente de lutter, raidi par l'effort, dans une eau qu'il combat alors qu'elle le porte. En un tour de main, qui révèle toute l'expérience du sauveteur, le gilet-bouée est passé autour du baigneur en perdition. Une fois la minicartouche de gaz percutée, la bouée se gonfle, remettant le malheureux à flot. La voix du pompier le rassure et le calme. Le duo est ramené sur la terre ferme à l'aide d'un filin – qui n'a pas quitté le sauveteur depuis le début de l'opération – et il est rejoint par le reste de l'équipe, qui va prodiguer les premiers soins à la victime. L'intervention n'aura duré que quelques minutes. Sur les 15 000 personnes qui fréquentent chaque jour cette plage, peu se seront aperçues du drame qui a failli se jouer sous leurs yeux.

EXERCICE D'HÉLITREUILLAGE AU LARGE DE LACANAU

Vers 11 heures du matin, alors que la plage est bondée, les sauveteurs du poste de secours de Lacanau-Océan scrutent l'horizon. Quelques minutes plus tard, une alerte fictive est lancée : il s'agit d'aller secourir un noyé. C'est le branle-bas de combat. Le jet-ski s'élance sur les vagues, la radio qui relie tous les intervenants crépite, les ordres fusent. Aujourd'hui, c'est un scénario de type catastrophe qui a été imaginé : la personne repêchée avec dextérité par les pilotes de la moto nautique est en état de mort apparente. L'imposante Alouette III de la Sécurité civile fait alors irruption dans le décor **(ci-contre)** pour réaliser l'hélitreuillage. Pendant l'été, un médecin est systématiquement présent à bord de l'hélicoptère. Il peut ainsi prodiguer les premiers soins et, tout en volant vers la côte, trouver une place dans un hôpital adapté à la pathologie de la victime. Le bourdonnement de « Dragon 33 », l'indicatif radio de l'hélicoptère basé en Gironde, s'estompe, et la plage retrouve une atmosphère normale, malgré le regard inquiet de certains baigneurs.

Le scénario de cet exercice est élaboré pour que le geste technique du sauveteur devienne un automatisme, voire un réflexe. Ainsi, le pompier agira sans stress lors de la véritable intervention et il pourra concentrer son attention sur le sauvetage, et non sur le maniement du jet-ski. Un autre facteur conditionne la réussite de ce type de sauvetage : l'esprit d'équipe et l'habitude de travailler avec les mêmes personnes.

La victime est hélitreuillée à bord de l'Alouette III > > >

Le Poncin, un véhicule de petit gabarit à six roues motrices, aux allures de module lunaire, patrouille en permanence sur les plages. L'habitacle est composé d'un poste de pilotage, et la plage arrière permet d'entreposer le matériel de secours (filins, bouées…). Un brancard y est fixé en permanence afin d'acheminer une victime depuis l'une des extrémités de la plage jusqu'au poste de secours. Le Poncin est également utilisé pour des actions de prévention.

Son autonomie permet d'effectuer des recherches sur toute la longueur de la plage, qu'il s'agisse de retrouver des enfants égarés ou de rappeler à l'ordre des baigneurs imprudents. Si en général un seul engin équipe les postes de secours de la côte méditerranéenne, les grandes étendues des plages de la côte atlantique justifient plusieurs engins. C'est le cas à Hourtin-Plage, où l'unique poste de secours possède deux véhicules.

Christian Lestonnat, le chef de la tribu

Christian Lestonnat est aujourd'hui à la tête de quatre postes de secours importants sur l'océan Atlantique, couvrant cinq zones de bain et employant trente-trois sauveteurs. Lorsqu'on l'interroge sur son parcours, il évoque ses débuts en 1975, année où il a décroché son diplôme de maître nageur sauveteur, suivant ainsi les traces de son père. « Au départ, explique-t-il, seules les saisons m'intéressaient. Puis je suis devenu sapeur-pompier volontaire et formateur de sauveteurs nautiques. C'est alors que le poste m'a été proposé à l'année, et que je suis devenu éducateur territorial dans la filière sportive du SDIS 33. » Aujourd'hui, Christian passe son été sur la plage de Lacanau-Océan et le reste de l'année au service nautique de la Gironde. Ce métier particulier s'apprend, dit-il, en prenant le temps de regarder la mer. Car ici, le danger est invisible. Les courants, les vagues, les « baïnes », sont autant de pièges sournois qui happent le nageur sans crier gare. D'où la nécessité d'imposer une signalisation sur la plage. « Malgré cela, les accidents arrivent, mais essentiellement parce que les gens ne respectent pas les panneaux, déplore Christian. Et puis, c'est classique, le fait d'être dans une zone surveillée fait qu'inconsciemment ils prêtent moins d'attention à leur environnement. » Véritable chef de cette tribu nautique, Christian Lestonnat se définit plutôt comme un « coach » : « Mon rôle est de mettre les hommes à la bonne place, et cette place leur est attribuée en fonction de leur expérience. »

Christian Lestonnat dirige une équipe de trente-trois sauveteurs sur la plage de Lacanau-Océan. L'hiver, il rejoint le service nautique de la Gironde.

Les sapeurs-pompiers disposent d'un matériel spécifique à leur mission nautique.

Des précieuses palmes aux jumelles, des instruments au demeurant simples deviennent entre leurs mains des outils d'une efficacité à toute épreuve. Pour venir au secours des noyés, ou plus simplement pour assister des nageurs en détresse, les sauveteurs se servent de bouées. Nous sommes bien loin de la bouée de sauvetage ronde, blanche et ceinte d'anneaux rouges que l'on voit sur les cartes postales anciennes. Aujourd'hui, deux sortes de bouées sont utilisées sur nos plages. L'une est un gilet de sauvetage de type « Fenzy » qui, une fois passé autour du cou de la victime, se gonfle en deux secondes grâce à une cartouche de gaz comprimé. L'autre n'est pas sans rappeler les vedettes d'« Alerte à Malibu », la série télé américaine. Et pour cause, elle a fait ses preuves sur la côte ouest des États-Unis. C'est la bouée dite « tube ». Appelée aussi « banane », elle est de plus en plus utilisée par nos pompiers. Sa forme allongée et sa consistance semi-rigide en font un bon outil dont les sauveteurs se servent à leur convenance selon le type d'intervention. En général, le réflexe d'un être humain en détresse dans l'eau est de s'accrocher au premier objet qui se présente. C'est bien ce qui se produit avec la bouée « tube », que le pompier propose d'emblée au baigneur. Un mousqueton permet de la fixer lorsqu'elle est passée autour de la taille de la victime, que le sauveteur peut alors ramener tranquillement à terre.

Attendre. Encore et toujours, juste au cas où...

DEMAIN, JE SERAI POMPIER

Les jeunes sapeurs-pompiers

De la « batterie fanfare » d'antan jusqu'aux associations de jeunes sapeurs-pompiers (JSP) actuelles, beaucoup d'eau aura coulé... dans les tuyaux de toile ! Ces associations officielles sont de véritables structures dans la structure déjà tentaculaire de la profession. Elles permettront aux jeunes garçons et filles d'aujourd'hui de devenir les combattants du feu de demain. Le très sérieux *Journal officiel de la République française* a entériné depuis longtemps le brevet national de cadet, et par là-même les associations de type loi de 1901 qui prennent en charge et forment les prétendants au casque d'argent. Dans son numéro du 30 août 2000, il stipule que « les unions départementales et les associations formant les jeunes sapeurs-pompiers sont destinées à regrouper des jeunes en vue de développer l'esprit de solidarité, de leur proposer toutes activités concourant à leur plein épanouissement et de les initier aux techniques propres aux sapeurs-pompiers afin de susciter des vocations [...]. » Car c'est bien de vocation qu'il s'agit ici. À l'heure où certains jouent au foot, font de la danse ou surfent sur Internet, d'autres revêtent l'uniforme des JSP et passent leur mercredi après-midi à apprendre puis à mettre en pratique les gestes qui sauvent. Ils sont près de 20 000 jeunes à s'engager ainsi chaque année. Leurs instructeurs sont des sapeurs-pompiers volontaires ou professionnels en activité. Le programme de ces jeunes pompiers est établi au niveau national ; il réserve une place importante aux activités physiques. À Moissy-Cramayel, dans le département de la Seine-et-Marne, à quelques dizaines de kilomètres de la capitale, le centre d'intervention abrite une section de JSP. Ils ont entre douze et dix-huit ans et n'ont qu'un rêve en tête : devenir sapeur-pompier.

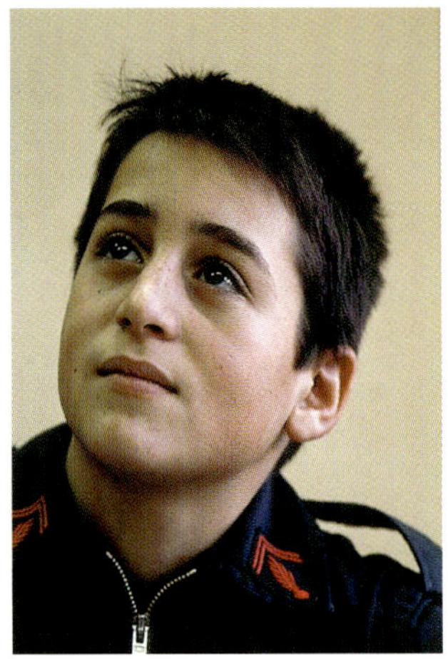

Dès douze ans, le rêve peut devenir réalité > > >

Des élèves assidus, un apprentissage studieux

pour obtenir le brevet national de cadet

Pascal Pillard, à l'origine des vocations

Pascal Pillard est sapeur-pompier volontaire. Très tôt, il a décidé que sa vie serait guidée par cette vocation, et c'est tout naturellement qu'il a épousé Karine, elle aussi pompier volontaire. Avant de s'engager, Pascal a été JSP dans le département de la Seine-et-Marne. Il dirige aujourd'hui l'association des jeunes sapeurs-pompiers de Moissy-Cramayel, prenant son rôle très à cœur. Présent presque tous les mercredis à la caserne pour enseigner, il encadre également les autres instructeurs, dont sa femme. « Au début, se souvient-il, Karine et moi prenions nos gardes ensemble, puis nous avons eu nos enfants, et la gestion est devenue plus délicate. Malgré tout, l'engagement "sapeur-pompier" représente une grande partie de notre vie commune. » Voilà donc un couple uni pour une noble cause : susciter des vocations et accompagner les jeunes jusqu'au brevet national de cadet. Cette formation est un excellent tremplin pour s'engager dès dix-huit ans comme volontaire et aborder le concours de sapeur-pompier professionnel. La motivation de l'enfant est primordiale aux yeux de Pascal : « Seuls ceux qui manifestent une véritable volonté d'aller au bout du cursus sont pris en compte. » La sélection est rigoureuse, même pour les benjamins qui ont entre douze et treize ans. Certes, les résultats au brevet sont importants pour Pascal, mais c'est au nombre d'engagements de ses cadets chez les pompiers volontaires qu'il mesure l'efficacité de son action et la qualité de la formation dispensée.

Pascal Pillard, instructeur chez les JSP. « La formation a évolué intelligemment, et l'existence du brevet de cadet est une vraie reconnaissance pour la jeune recrue. »

Devenir jeune sapeur-pompier, c'est pouvoir plus tard accéder par la grande porte à un métier valorisant ou, plus simplement, s'épanouir dans un groupe et développer son sens de la solidarité. Pour cela, il suffit au candidat de se renseigner auprès du service départemental d'incendie et de secours (SDIS), qui lui fournira une liste d'associations de JSP. Seuls les départements de Paris, des Hauts-de-Seine, de Seine-Saint-Denis et du Val-de-Marne, qui sont défendus par la brigade de sapeurs-pompiers de Paris, ne forment aucun jeune. Les JSP sont ouverts aux jeunes de deux sexes âgés de dix à dix-huit ans, français ou étrangers, résidant sur le territoire de la commune ou du département où est implantée l'association. Les prétendants doivent produire un certificat médical d'aptitude physique, un certificat de vaccination antitétanique et une autorisation parentale. L'aboutissement du cursus est l'obtention du brevet national de cadet. Ce diplôme est pris en compte lors de l'engagement comme sapeur-pompier volontaire. D'abord benjamins, entre douze et treize ans, les jeunes volontaires deviennent minimes entre quatorze et quinze ans, avant d'atteindre le « grade » de cadet, qui les accompagnera jusqu'à leur dix-huitième anniversaire. Au final, c'est donc la possibilité d'une dizaine d'années d'apprentissage qui s'ouvre à eux. Petit à petit, les enfants s'initieront aux gestes techniques d'urgence, au sauvetage d'une personne ou à l'établissement de tuyaux pour combattre les incendies.

À la caserne de Moissy Cramayel, comme ailleurs, le programme des mercredis après-midi est chargé. Cours théoriques, exercices pratiques, manœuvres et activités physiques se succèdent, constituant une formation très complète. À voir ces jeunes gens si studieux, on pourrait croire que leurs résultats scolaires sont forcément excellents… Que l'on ne s'y trompe pas : au dire des instructeurs, la motivation n'est pas la même à l'école qu'à la caserne. C'est pourquoi, en accord avec ses parents, chaque JSP présente son bulletin scolaire à son instructeur en fin de trimestre. Si les résultats sont jugés insuffisants, l'élève est privé de « mercredis » jusqu'à l'amélioration de ses notes. « Il ne faut pas que les JSP deviennent leur unique motivation », explique Pascal Pillard. Nous les obligeons à être bons ici, mais aussi à l'école. Notre formation n'est pas une échappatoire, mais un complément au devenir de ces jeunes garçons et filles. »

Ludovic Da Silva aimerait obtenir un diplôme universitaire technique et rentrer à l'école des officiers. Mais avant cela, il veut être sapeur-pompier volontaire puis professionnel afin d'aborder toutes les facettes du métier.

Ludovic Da Silva, un jeune sapeur-pompier motivé

À quinze ans, Ludovic Da Silva entame sa première année de cadet. Il est entré à l'association des jeunes sapeurs-pompiers à l'âge de douze ans. C'est probablement une démonstration scolaire des sapeurs-pompiers, lorsqu'il était en classe de CM1, qui lui a donné la « fibre pompier ». D'autant que son beau-père est lui-même pompier. Quand Ludovic a appris que l'on pouvait s'essayer si jeune au métier, il a décidé de s'engager. « Au début, explique-t-il, c'était par curiosité, un simple intérêt d'ado. Puis je me suis piqué au jeu, et maintenant je suis convaincu que j'en ferai mon métier. » Le mercredi après-midi, les copains de « Ludo » vont plutôt jouer au foot et se montrent surpris par son activité, à leurs yeux moins récréative que la leur. Néanmoins, elle suscite de l'intérêt, et les réactions ne sont jamais négatives. À la maison aussi, les discussions sur le thème sont nombreuses avec son beau-père. C'est lui qui lui fait réviser le contrôle du mercredi. Pour le jeune garçon, il existe une différence fondamentale avec l'enseignement scolaire : « C'est pas toujours drôle les JSP, on nous demande d'apprendre plein de trucs, d'être discipliné et d'être bon. Dans l'ensemble, c'est comme à l'école. Sauf que l'école, on ne comprend pas toujours à quoi ça sert. Enfin, pas de façon aussi concrète que les JSP. Ici, j'ai le sentiment de vraiment travailler pour moi, pour mon avenir. J'entrevois au quotidien mon futur métier. Mais je sais aussi que je dois bosser à l'école, sinon je serai privé de JSP… »

Un entraînement à la hauteur de leur ambition :

devenir d'authentiques sapeurs-pompiers / / /

> > > Le secourisme, les gestes de base du métier

L'attestation de formation aux premiers secours (AFPS) comporte une épreuve de secourisme. Sous l'œil attentif de l'instructeur, les jeunes sapeurs-pompiers ont appris à exécuter le geste qui sauve. Des mannequins modernes, munis d'une « vraie » cage thoracique et de « vraies » voies respiratoires, sont utilisés pour la pratique de la ventilation artificielle, plus connue sous le nom de bouche-à-bouche. Ces gestes de première urgence doivent être parfaitement intégrés afin d'être prodigués sans faillir. Chaque mercredi, on allie donc la théorie à la pratique. Lors de l'examen final, un geste mal exécuté sanctionnerait irrémédiablement le candidat, lui fermant le chemin qui doit le mener au brevet de cadet.

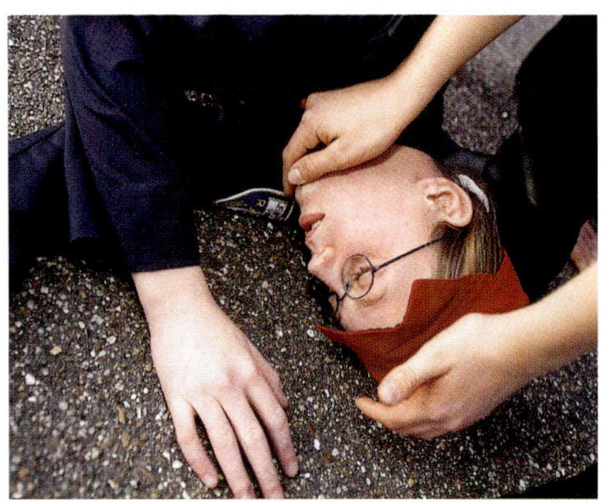

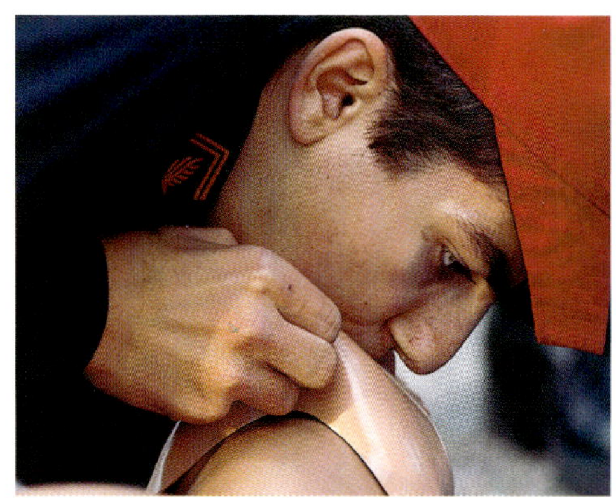

Les JSP, l'avenir d'une profession

Le constat de ce livre dédié aux « sauveurs d'hommes » est flagrant. Plus les pompiers se professionnalisent, plus ils deviennent de véritables techniciens du risque, des spécialistes de l'urgence tout-terrain. Cette noble mission qui consiste à protéger son prochain est aujourd'hui devenue un métier à part entière, un métier qui exige une maîtrise parfaite de compétences spécifiques. Il ne doit plus y avoir de hasard, ni d'erreur humaine, car c'est de la vie d'autrui qu'il est question. Le volontariat souffre d'un manque cruel de candidats qui fragilise le milieu rural. Les professionnels, qui se battent pour la reconnaissance d'un métier à risques, sont parfois victimes de la violence urbaine. Les militaires, soumis à un rythme infernal, lorgnent les conditions de travail de leurs homologues civils. Seules la vocation, l'envie d'exercer un métier « pas comme les autres », peuvent insuffler au monde des sapeurs-pompiers l'énergie nécessaire pour faire vivre chaque centre de secours. Les mercredis des jeunes sapeurs-pompiers sont probablement l'un des moyens d'y parvenir. Et si d'aventure le jeune ne concrétise pas son engagement de JSP par un contrat volontaire ou professionnel, il aura au moins appris le geste qui peut sauver et les valeurs essentielles de la citoyenneté. Altruisme, indéfectibilité, efficacité, telles sont en effet les valeurs d'une profession qui bénéficie d'une image forte auprès du public, une profession dont l'avenir est assuré en partie par les jeunes sapeurs-pompiers.

Avant de pouvoir monter à bord du camion rouge, l'engin d'incendie qui hante les rêves de toutes les jeunes recrues, symbole même du sapeur-pompier, il faut travailler dur. C'est à ce prix que l'on obtiendra le sauf conduit qui ouvrira les portes de la profession…

GLOSSAIRE

Tous les corps de métier ont leur langage – parfois même leur jargon – et leur façon bien particulière de communiquer. Les sapeurs-pompiers emploient nombre de sigles et d'acronymes, un usage lié au caractère d'urgence de leur métier (parler de « CCFL » est tout de même plus commode que de sortir son « camion-citerne feux de forêt léger »…). Certains de ces sigles ont été utilisés dans cet ouvrage : nous les reprenons ici et en ajoutons d'autres, employés et compris par tous les pompiers.

AFPS : attestation de formation aux premiers secours.

ALARME : alerte liée aux risques météorologiques. Plan spécial d'intervention.

AR : ambulance de réanimation.

ARI : appareil respiratoire isolant, composé de bouteilles d'air, qui permet aux sauveteurs de pénétrer dans les lieux enfumés ou les milieux confinés.

AVP : accident de la voie publique.

BASC : base aérienne de la Sécurité civile.

Binôme : terme militaire qui désigne une équipe de deux personnes indissociables.

BMPM : bataillon de marins-pompiers de Marseille.

BNSSA : brevet national de sécurité et de sauvetage aquatiques.

BOT : bureau des opérations et des transmissions. Désigne en fait le standard de la caserne (sigle utilisé uniquement à Paris).

BP : bateau-pompe.

BSPP : brigade de sapeurs-pompiers de Paris.

CCF : camion-citerne feux de forêt.

CCFL : camion-citerne feux de forêt léger (capacité de moins de 1 700 litres).

CCFM : camion-citerne feux de forêt moyen (capacité de 2 500 litres).

CCFS : camion-citerne feux de forêt super (capacité de 8 000 litres).

CCGP : camion-citerne grande puissance (capacité de 6 000 litres).

CESD : cellule mobile de sauvetage et de déblaiement.

CFAPSE : certificat de formation aux activités de premiers secours en équipe.

Chef d'agrès : sous-officier responsable d'un véhicule de secours et de son équipage.

Chef de garde : sous-officier ou officier responsable de la garde d'incendie et d'un volume d'engins de secours, composé en général d'un engin-pompe et d'une échelle.

CIRCOSC : centre interrégional de coordination opérationnelle de la Sécurité civile (autorité de commandement régionale).

CMIC : cellule mobile d'intervention chimique.

CMIR : cellule mobile d'intervention radiologique.

CODIS : centre opérationnel départemental d'incendie et de secours (autorité de commandement départementale).

CODISC : centre opérationnel de la Direction de la sécurité civile (autorité de commandement nationale).

COS : commandant des opérations de secours. Désigne le « patron » sur une intervention.

CPI : centre de première intervention.

CS : centre de secours.

CSP : centre de secours principal.

CTA : centre de traitement de l'alerte. Lieu où arrivent les appels du 18 et du 112.

DA : dévidoir automobile. Désigne des tuyaux de 110 millimètres de diamètre roulés en écheveaux, d'une longueur de 2 000 mètres.

DAL : dévidoir automobile léger. Tuyaux de 110 millimètres de diamètre roulés en écheveaux, d'une longueur de 600 mètres.

DDSC : Direction de la défense et de la sécurité civiles.

Départementalisation : ce terme désigne une réorganisation territoriale des services d'incendie et de secours qui permet de mutualiser les moyens humains et matériels disponibles dans chaque département. Avant la loi du 3 mai 1996, ceux-ci étaient gérés directement par les communes. Désormais, il existe une égalité dans la distribution des secours pour chaque habitant d'un même département

DFCI : défense de la forêt contre l'incendie (voir page 64)

DIH : détachement d'intervention héliporté.

DSA : défibrillateur semi-automatique.

Dragon : indicatif radio donné aux hélicoptères de la Sécurité civile, auquel est associé le numéro du département. Ainsi, pour Paris l'hélicoptère est codifié « Dragon 75 ».

DZ : Drop zone. Zone de posée des hélicoptères.

EIR : école interrégionale de formation au métier de sapeur-pompier.

Établissement : série de tuyaux alimentant une lance.

EPA : échelle pivotante automatique.

EPSA : échelle pivotante semi-automatique.

FPT : fourgon-pompe tonne.

FPTL : fourgon-pompe tonne léger.

FS : fourgon secours (composé de trois hommes).

GAAR : guet aérien armé. Patrouille de deux avions de type Tracker dont les soutes sont remplies de retardant.

GPD : camion grande puissance dévidoir (muni d'une pompe).

GREP : groupe de recherche et d'exploration profonde (uniquement à Paris).

GRIMP : groupe de recherche et d'intervention en milieu périlleux.

HBE : hélicoptère bombardier d'eau.

IFM : incendie forêt météo. On parle d'indice de risque IFM.

JSP : jeune sapeur-pompier.

LDT : lance du dévidoir tournant.

LDV : lance à débit variable.

Merlin : indicatif radio des chefs de centre, des chefs de corps ou des chefs de détachement.

MPR : moto-pompe remorquable.

PC : poste de commandement.

Pélicandrome : station de ravitaillement en eau et en retardant pour tous types d'avions bombardiers d'eau.

PSR : premier secours de relevage. Véhicule où prennent place trois hommes (uniquement à Paris).

SAMU : service d'aide médicale d'urgence.

SDIS : service départemental d'incendie et de secours (gère les CSP, le CS et les CPI).

SIS : spécialiste en intervention subaquatique.

SPP : sapeur-pompier professionnel.

SMUR : service médical d'urgence et de réanimation.

SPV : sapeur-pompier volontaire.

UIISC : unité d'instruction et d'intervention de la Sécurité civile.

VAR : véhicule d'assistance respiratoire. Il s'agit d'une camionnette transportant des ARI et des bouteilles d'air de rechange directement sur le lieu du sinistre.

VID : véhicule interventions diverses.

VLR : véhicule de liaison radio.

VLTT : véhicule léger tout-terrain.

VRM : véhicule de radio médical.

VSAB : véhicule de secours aux asphyxiés et aux blessés.

VSR : véhicule de secours routier.

VTU : véhicule toute utilité.

Il faudrait consacrer un ouvrage entier aux expressions nées et entendues dans les casernes. Tour à tour imagées, drôles ou pragmatiques, elles font partie de l'univers des pompiers. Petite sélection des auteurs de ce livre…

Cabot : caporal. Le caporal-chef sera appelé « cabot-chef ».

« Ça rife » : cette anagramme de *fire*, « feu », signifie « ça brûle ». L'expression est employée par les sapeurs-pompiers lorsqu'ils partent et arrivent sur un feu.

Cracher : ouvrir sa lance.

Déboyauter : dérouler les tuyaux.

Décaler : « Ça décale », ou « décaler », est employé par tous les pompiers. Cette expression remonte à l'époque où les pompes à vapeur parisiennes, très lourdes, étaient tractées par des chevaux. L'action de décaler consistait à retirer les cales qui bloquaient les roues. L'expression désigne aujourd'hui tout départ sur intervention.

Fermer, démonter, rouler : ces trois mots annoncent la fin d'une intervention pour feu. Il faut « fermer » les arrivées d'eau, « démonter » les pièces de jonction des établissements hydrauliques, « rouler » les tuyaux pour les ranger dans le camion.

Des « grosses » et des « petites » : expression qui désigne l'établissement de grosses lances et de petites lances.

Fumer comme un camion de pompiers : expression qui daterait de l'époque où les camions de pompiers n'avaient pas le temps de préchauffer avant de partir sur une intervention et laissaient dans leur sillage une épaisse fumée. L'expression a été simplifiée en « fumer comme un pompier ».

Percuter : à l'image du percuteur d'une arme à feu, donner une réponse immédiate, comprendre rapidement.

Phraser : discuter pour ne rien dire ou mobiliser longtemps la parole. Cela arrive même chez les pompiers…

Piafs : terme désignant les jeunes pompiers.

Pissette : lance du dévidoir tournant (LDT), qui permet l'extinction de près de 90 % des incendies en milieu urbain.

Remisards : désigne le personnel chargé de l'entretien des véhicules dans la caserne.

Sarses (ou vieux briscards) : désigne les anciens pompiers.

Sarsounets : entre les « piafs » et les « sarses »…

REMERCIEMENTS

Les auteurs tiennent à remercier chaleureusement les personnes qui ont contribué à la réalisation des différents reportages publiés dans ce livre :

Le Lieutenant-colonel Daniel Ory, président de la Fédération nationale des sapeurs-pompiers de France.
Le général Richard Lefèvre, commandant la brigade de sapeurs-pompiers de Paris.
L'amiral François Capelle, commandant le bataillon de marins-pompiers de Marseille.
Le commandant Jean-Luc Chivot, officier communication de la BSPP.
Madame Pascale Zarouyan, chef du secteur information du BMPM et Monsieur Patrick Chenevard, officier chargé de la communication.
Monsieur Thierry Wagner et Mademoiselle Perrine Collet, attachés de communication de la FNSPF.

M. André Benkemoun, chef de la communication de la Direction de la Défense et de la Sécurité Civiles.
Le lieutenant-colonel Jean-Fred Crouzillard, cellule de communication de la DDSC.
Monsieur Frédéric Dohet, chef du groupement des moyens aériens de la DDSC.
Monsieur Michel Razaire, chef de la base aérienne de la Sécurité civile de Marignane.
Tous les pilotes de bombardier d'eau et d'hélicoptère de la Sécurité civile.

Le colonel Michel Lafourcade, commandant le SDIS du Var (83).
Le colonel René Barré, commandant le détachement du Sud-Est, en renfort en Corse.
Le commandant Michel Persoglio, officier des services techniques.
Le capitaine Grégory Allione, officier communication du SDIS.
Les pilotes d'hélicoptère et les mécaniciens de la société HÉLIPACA.
Tous les pompiers du département du Var.

Le colonel Gilles Armadano, commandant le SDIS de la Seine-et-Marne (77).
Monsieur Dominique Blanchard, chef du service de communication du SDIS.
Notre ami Alain Humbert.
Tous les instructeurs et les jeunes pompiers du CS Moissy-Cramayel.

Le colonel Alain Gaudon, commandant le SDIS du Bas-Rhin (67).
Le colonel Claude Siron, commandant le groupement centre.
Le capitaine Pierre-Jean Cheze, officier opération du groupement ouest.
Tous les pompiers du Bas-Rhin.

Le colonel Jean-Paul Decellières, commandant le SDIS de la Gironde (33).
Le commandant Christian Lefèbvre, officier communication du SDIS.
Les commandants Jean Nivard et Jean-Pierre De Cea du SDIS.
Tous les pompiers et les sauveteurs de Gironde.

Le lieutenant-colonel Éric Ledoux, commandant le SDIS des Côtes-d'Armor (22).
Le lieutenant Antoine Hubert, chargé de mission à la cellule volontariat du SDIS.
Tous les valeureux pompiers du centre de secours d'Erquy (22).

À Claude, Christine, Serge, Mario, Thérèse et Aléa SA pour leur soutien logistique.
Un remerciement tout particulier à Fabienne, Odile et Dominique, à qui nous avons fait découvrir notre univers.

À tous les pompiers qui ont croisé notre route et qui se retrouveront dans ce livre.

le bec en l'air remercie Dominique Herbert pour sa confiance et ses conseils avisés, Mademoiselle Sun, Michel Denancé et toute l'équipe de La Poste à Manosque.

CRÉDITS PHOTOGRAPHIQUES

Toutes les photographies de cet ouvrage sont de **Christophe Dubois**, à l'exception de :

Les photographies de cet ouvrage sont distribuées par l'agence **DIAPORAMA**,
231, rue Saint-Honoré, 75001 Paris.
Tél. : (33) (0)1 48 58 06 26

Photogravure : APS-Chromostyle, Tours
Impression : Mame Imprimeurs, Tours
Dépôt légal : avril 2001